Kirsten Jung

REITEN
ANATOMISCH RICHTIG UND PFERDEGERECHT

Der Weg zum gelösten
und durchlässigen Pferd

KOSMOS

Eine pferdegerechte Ausbildung 6

BASISWISSEN

Anatomie und Biomechanik 9
Körperbau und Ausbildungsziele 10
Muskelaufbau und Muskelfunktion 10
Der Rücken als Bewegungszentrum des Pferdes 14
Die Hinterhand als Motor des Pferdes 26
Die Vorhand als Stützelement des Pferdes 29
Die Bauchmuskeln als Unterstützung der Bewegungsmuskeln 30
Genick und Hals 31
Die Mundhöhle 37
Der Huf als Fundament der Gliedmaßen des Pferdes 38
Die Touchierpunkte des Pferdes 39
Die sinnvolle Ausrüstung von Pferd und Reiter 40

NATURBEDINGTE SCWIERIGKEITEN

Natürliche Schiefe und Vorderlastigkeit 50

SITZ UND EINWIRKUNG

Reiterliche Ausbildungsschritte 55
Der korrekte Sitz 56
Woran erkennen Sie Sitzfehler? Wie beheben Sie diese? 62
Die richtige Einwirkung 68
Das Zusammenspiel der Hilfen: Die Parade 76

DIE AUSBILDUNGSSKALA – DAS EINMALEINS DES REITPFERDES

Die sechs Stufen der Skala 80

ZWANGLOSIGKEIT ALS GRUNDLAGE DER ZUSAMMENARBEIT

Was versteht man unter Zwanglosigkeit? 86

DER TAKT

Was ist Takt? 93
Der Schritt 94
Der Trab 95
Der Galopp 96

LOSGELASSENHEIT UND DEHNUNGSBEREITSCHAFT

Was ist Losgelassenheit? 100
Wie erreichen Sie Losgelassenheit? 103
Das Pferd stellen 105
Schenkelweichen 107
Dehnungsbereitschaft 108
Lösungsansätze für Problemfälle 115

DIE ANLEHNUNG

Was ist Anlehnung? 120
Mögliche Ursachen für Anlehnungsprobleme 127

DIE SCHWUNGENTFALTUNG

Was ist Schwung? 133
Lösungen für Probleme bei der Schwungentfaltung 140

DIE GERADERICHTUNG

Was ist Geraderichtung 143
Die Hilfen für das korrekte Schultervor 146
Schulterherein 150
Travers, Renvers und Traversale 151

DIE VERSAMMLUNG

Was ist Versammlung? 154
Probleme und ihre Lösungen bei der Erarbeitung der Versammlung 157

FEHLER UND URSACHEN ERKENNEN

Das Auge schulen 160

SERVICE

Zum Weiterlesen 175
Nützliche Adressen 177
Register 178

EINE PFERDEGERECHTE AUSBILDUNG

Sein Pferd über lange Zeit gesund zu erhalten, in Harmonie mit ihm zusammenzuarbeiten, das sind die Ziele vieler Reiter. Doch in unserer schnelllebigen Zeit ist es häufig schwierig, die richtigen Ausbilder zu finden, die dem Reiter das nötige theoretische Wissen sowie die praktischen Fertigkeiten in aller Ruhe und Ausführlichkeit mit der nötigen Zeit, die das Pferd für seine Ausbildung braucht, vermitteln können.
Die meisten Ausbildungsbücher beschäftigen sich mit der Ausbildung gesunder Pferde mit einem unproblematischen Gebäude. Sie gehen kaum auf auftretende mögliche Probleme ein. Deshalb fühlen sich viele Reiter von Pferden, die schwierig sind, Gebäudeprobleme haben oder nicht ganz gesund sind, mit ihren Problemen alleine gelassen.
Da Pferde wie ihre Reiter Individualisten sind, ist es kaum denkbar, in diesem Buch auf jedes mögliche Problem einzugehen. Mit den entsprechenden Kenntnissen der Anatomie und Biomechanik sowie aller ausbildungstechnischer Zusammenhänge können Sie Ihrem Partner Pferd aber ein besserer Ausbilder und Reiter sein.
Auch wenn sich dieses Buch mit der klassischen Dressurausbildung beschäftigt, ist eine pferdegerechte Ausbildung keine Frage der Reitweise. Denn jede vernünftige Ausbildung zielt darauf ab, das ungerittene Pferd tragfähig zu machen, ihm zu zeigen, wie es einen Reiter schadlos tragen kann, und es durchlässig zu machen, damit es in der Lage ist, auf leichte Hilfen seines Reiters zu reagieren.
Einige Voraussetzungen sind jeder vernünftigen Ausbildung gemein: Sie basiert auf gegenseitigem ***Vertrauen*** und ***Respekt***. Viel ***Geduld*** ist ebenso unabdingbar wie das nötige ***Fachwissen***, ***Engagement***, ***Zeit*** und jede Menge ***Einfühlungsvermögen*** des Ausbilders, denn jedes Pferd ist einzigartig und reagiert anders. Am Wichtigsten erscheint mir aber, dass ein Pferd niemals abgerichtet (also „dressiert") werden darf, sondern lernen muss, jederzeit reell an den Hilfen zu stehen und auf diese zu reagieren. Damit stellt die seriöse Ausbildung eines Pferdes eine Herausforderung an jeden Pferdemenschen dar und ist eine charakterbildende Entwicklung für Pferd und Reiter.

Ein Reiter kann technisch noch so gut sein, ohne entsprechendes reiterliches Gefühl wird er nie wirklich harmonisch reiten können, sondern ein „Handwerker" bleiben. Ein guter Reiter erspürt in jedem Augenblick, welche Unterstützung sein Pferd gerade benötigt und kann bewusst und präzise auf sein Pferd einwirken. Das will gelernt und täglich geübt werden, und da Gefühl so schwierig zu vermitteln ist, brauchen Sie zumindest einige Eckpunkte, an denen Sie die Richtigkeit Ihres Wirkens auf dem Pferd messen können. Denn, was immer Sie auf Ihrem Pferd anstellen, es „bewirkt" etwas.
Wichtig ist auch, dass Sie Ihr Auge „schärfen", damit Sie sich kein A mehr für ein O vormachen lassen. Damit Sie spektakuläres „Showreiten" als solches erkennen, sich keine falschen Vorbilder suchen und vor allem eigene Fehler schneller erkennen und abstellen können.
Ihr Pferd wird Ihnen Ihre Anstrengungen durch seine freudige Mitarbeit danken.

Danken Sie Ihrem Pferd für seine hervorragende Mitarbeit.

BASISWISSEN

▸ 9 Anatomie und Biomechanik

▸ 10 Körperbau und Ausbildungsziele

▸ 10 Muskelaufbau und Muskelfunktion

▸ 14 Der Rücken als Bewegungszentrum des Pferdes

▸ 26 Die Hinterhand als Motor des Pferdes

▸ 29 Die Vorhand als Stützelement des Pferdes

▸ 30 Die Bauchmuskeln als Unterstützung der Bewegungsmuskeln

▸ 31 Genick und Hals

37 Die Mundhöhle

▸ 38 Der Huf als Fundament der Gliedmaßen des Pferdes

▸ 39 Die Touchierpunkte des Pferdes

▸ 40 Die sinnvolle Ausrüstung von Pferd und Reiter

ANATOMIE UND BIOMECHANIK

Um ein Pferd korrekt sowie gesundheitsverträglich arbeiten zu können, sind nebst reiterlichen Fähigkeiten auch anatomische und biomechanische Kenntnisse erforderlich. Zu diesen Kenntnissen gehört, dass Sie wissen, wie der natürliche Bewegungsablauf eines gesunden Pferdes aussieht. Sie müssen unterscheiden können, ob der Rücken Ihres Pferdes richtig oder mangelhaft schwingt. Und Sie müssen wissen, wie die wichtigsten Wirbel, Gelenke und Muskelgruppen zusammenarbeiten. Denn nur mit diesen Kenntnissen erkennen Sie Unregelmäßigkeiten sofort und können die Richtigkeit Ihrer Arbeit laufend überprüfen.

Die Anatomie ist die Wissenschaft vom Bau des Körpers und seiner Organe.
Sie beschreibt den Aufbau und die Struktur eines Körpers. Die Biomechanik beschäftigt sich mit den mechanischen Vorgängen in diesen Strukturen.

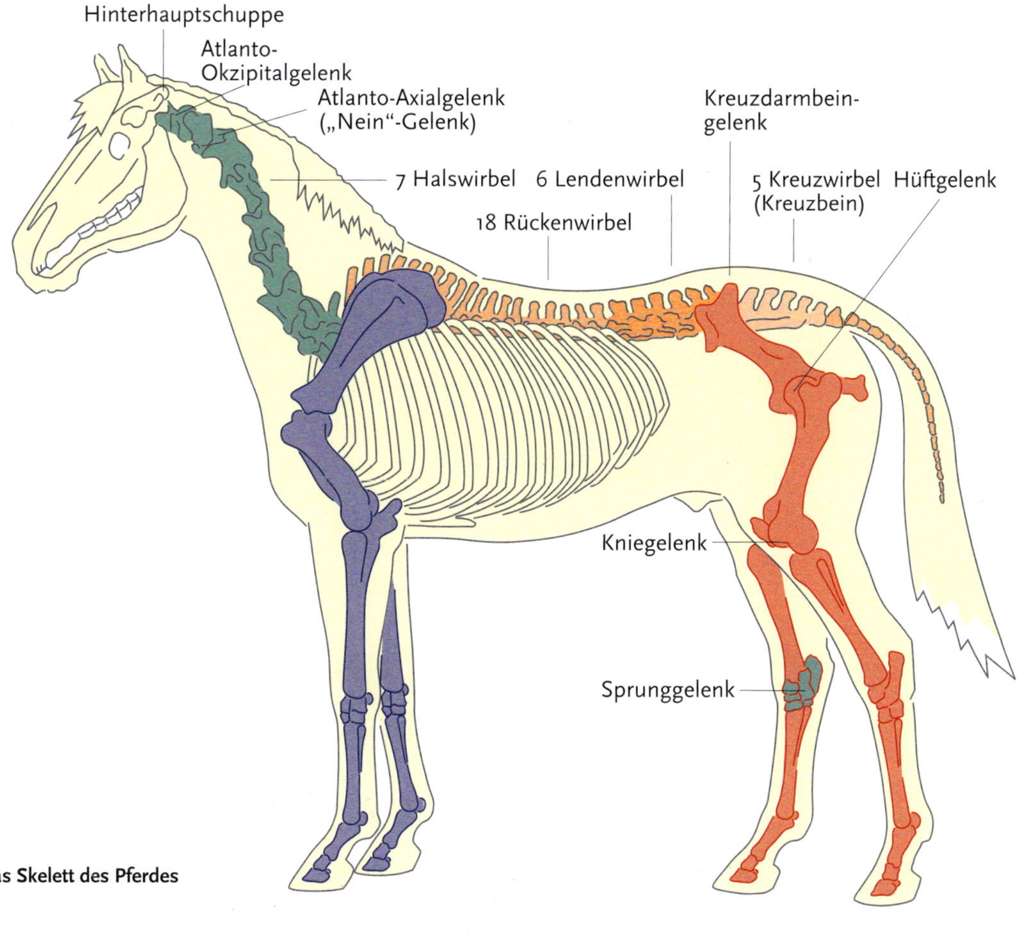

Das Skelett des Pferdes

KÖRPERBAU UND AUSBILDUNGSZIELE

Die Vordergliedmaßen des Pferdes bestehen vorwiegend aus Knochen, Gelenken, Sehnen und Bändern. Dagegen wird das Skelett der Hintergliedmaßen durch eine ausgeprägte, vorwiegend fleischige Muskulatur unterstützt.

Sehniges Gewebe ermüdet kaum, fleischige Muskeln schon. Das bedeutet, dass die Vorhand zwar weniger ermüden kann, dafür aber bei falscher Belastung schnell Schaden nimmt. Die Hinterhand ermüdet aufgrund ihrer starken Unterstützung durch vorwiegend fleischige Muskeln rascher, ist aber auch deutlich belastbarer, wenn sie gut bemuskelt und geschmeidig gymnastiziert ist.

Die Wirbelsäule des Pferdes ist sehr unterschiedlich beweglich. Am beweglichsten sind die Halswirbel. Die Brustwirbel sind nur begrenzt beweglich und die Kreuzwirbel weitgehend starr. Um trotzdem eine optimale Rückentätigkeit und das ungestörte, gleichmäßige Durchschwingen der Hinterbeine auch unter Gewichtsbelastung zu ermöglichen, müssen Kraft und Geschicklichkeit des Pferdes auf beiden Händen gleich gut entwickelt werden.

Aus den anatomischen Eigenheiten erklären sich schlüssig die schwerpunktmäßigen Ziele jeder sinnvollen Pferdeausbildung: Die Geraderichtung und die Umwandlung der reinen Schubkraft in Tragkraft. Das Reitpferd muss lernen, seinen Schwerpunkt in Richtung seiner belastungsfähigeren Hinterhand zu verlagern und dort seine Selbsthaltung zu finden, ohne sich auf seiner Vorhand (und Ihrer Hand) abstützen zu müssen. Oder anders ausgedrückt: Die bestmögliche Beseitigung von Vorderlastigkeit und Schiefe ist für das belastbare und langfristig gesunde Reitpferd unerlässlich.

MUSKELAUFBAU UND MUSKELFUNKTION

Die Muskeln haben einen sehr unterschiedliche Aufbau.

Manche Muskeln bestehen fast ausschließlich aus Fleischfasern, die am Ende in Sehnenfasern übergehen. Diese Sehnen, die dünner als

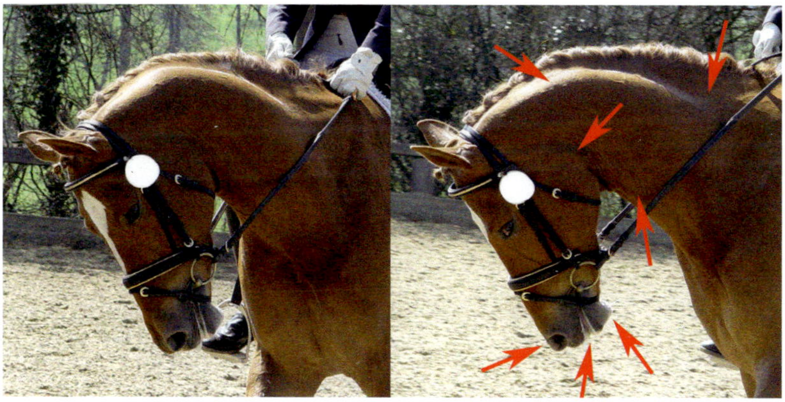

Die sogenannte Hyperflexion (früher Rollkur) führt zu sichtbaren Verspannungen der beteiligten Muskeln. Nur das viel zu eng verschnallte Nasenband verhindert das Aufsperren des verspannten Mauls. Von pferdegerechtem Training darf hier keine Rede sein.

der Muskelbauch sind, setzen dann am Knochen an. Die Funktion eines solchen fleischigen Muskels ist, sich kräftig zusammenzuziehen und wieder nachzugeben bzw. sich passiv durch den Gegenmuskel (= Antagonisten) wieder dehnen zu lassen. Dank der Länge ihrer Fasern können sich solche Muskeln sehr stark verkürzen. Sie dienen der Fortbewegung. Allerdings sammeln sich in ihnen schnell Ermüdungsstoffe an, wenn sie in Dauerspannung beansprucht werden und der regelmäßige Rhythmus Zusammenziehen – Dehnen verloren geht. Dann schwellen sie in den Gewebszwischenräumen an, wodurch Druck auf die Nervenenden entsteht; der Muskel schmerzt. Deshalb ist der rhythmische Wechsel zwischen Kontraktion und Dehnung dieser Muskeln so außerordentlich wichtig. Denn nur er ermöglicht den Abtransport der Stoffwechselprodukte und verhindert Verspannungen und Schmerz.

Andere Muskeltypen sind bei kürzeren Muskelfasern mehr oder weniger stark sehnig durchsetzt oder überzogen. Muskeln können sich sogar vollständig in Sehnenstränge umwandeln. Solche Sehnenstränge dienen dann nur noch als passive Spannbänder der Unterstützung der überbrückten Gelenke, z. B. beim Stehen oder bei der Lastübernahme in der Bewegung. Sehnengewebe ist widerstandsfähig gegen Zug. Deshalb nimmt es dem fleischigen Muskelgewebe die passive Arbeit des Tragens ab. Darüber hinaus übernimmt es alle Arbeit, die in gleichmäßiger Spannung oder Dehnung zu leisten ist. Um die Kraft eines Muskels zu verbessern, muss dieser wachsen. Dies ist nur möglich, wenn er seiner natürlichen Funktion entspre-

Nur der physiologisch richtig, also losgelassen und rhythmisch arbeitende Muskel wird gut durchblutet und dadurch gut ernährt. Er baut neue Muskelfasern auf und wird durch dieses Wachstum dicker und belastbarer.

chend beansprucht wird. Muss er in unnatürlicher, krampfhafter Anspannung arbeiten, verliert er an Umfang und Kraft. Außerdem wird durch falsche Muskelbeanspruchung der Muskelstoffwechsel gestört. Die Durchblutung wird erschwert, Abfallprodukte im Muskelgewebe eingelagert.

Diese Fakten erklären, weshalb Stretching- und Flexübungen, die unter Druck und Zwang ausgeführt werden, niemals zum Lösen oder zur Verbesserung der Muskulatur dienen können. Vor allem Überdehnungen des Halses, z. B. extrem tiefes Einstellen, oft verbunden mit gleichzeitiger seitlicher Abstellung, sind pures Gift für das Pferd. Die natürliche Reaktion des falsch beanspruchten Muskels ist nämlich in diesem Fall ein Versteifen, um die umliegenden (Wirbel-) Gelenke zu schützen. Diese Reaktion ist für das Fluchttier Pferd lebensnotwendig (wir kennen sie allerdings ebenfalls, z. B. vom sogenannten Hexenschuss her). Auf der Flucht vor einem Angreifer hätte es mit verspannten Muskeln deutlich bessere Überlebenschancen als mit einem ausgekugelten Gelenk. Sein Körper schützt es also ganz automatisch vor solchen Verletzungen, ohne dass es diese Reaktion beeinflussen könnte. Dies bedeutet im Klartext, dass starke Überdehnungen das Pferd gar nicht lösen können, auch wenn oft das Gegenteil behauptet wird.

Der Spannungszustand (= Muskeltonus) einzelner Muskeln und ganzer Muskelgruppen wird durch Reflexe angeregt und erhalten. Diese Reflexe sind einerseits von der Körperhaltung des Pferdes und andererseits direkt voneinander abhängig und miteinander verkoppelt. Für einen fleißigen Gang mit aufgerichtetem Rücken ist also der passende Muskeltonus notwendig. Ist dieser für die jeweilige Arbeitsleistung optimal, spricht man von Losgelassenheit. Ist er zu tief, erschlafft die Muskulatur, ist er zu hoch, verspannt sie sich.

Die Muskeln an den Gliedmaßen werden je nach ihrer Lage und ihrer Tätigkeit in Strecker und Beuger eingeteilt. Die einen Muskeln dienen also zum Strecken, die anderen zum Beugen der Gelenke. Bei den meisten Pferden sind Strecker und Beuger nicht gleichmäßig entwickelt. Dies ist einer der Gründe, weshalb es manchen Pferden leichter fällt, in freien Bewegungen nach vorne zu gehen, während andere sich lieber in kurzen Bewegungen offenbaren. Eine Aufgabe der Ausbildung besteht also darin, beide Muskelgruppen ausgewogen zu entwickeln. Dazu müssen Sie herausfinden, ob bei Ihrem Pferd Strecker oder Beuger überwiegen und Ihre Arbeit darauf ausrichten. Um ein Pferd mit stärkeren Beugern zu lösen, eignen sich in der Lösungsphase vermehrt die freien Gangarten. Dagegen löst sich ein Pferd mit stärkeren Streckern besser in ruhigem, kontrolliertem Tempo.

Insbesondere bei der Rumpfmuskulatur greifen die Wirkungsgebiete verschiedener Muskelgruppen ineinander. Wird das geordnete Zusammenspiel der großen Muskelgruppen gestört (z. B. durch Verspannungen oder durch den Reiter), kann das Pferd nie zu seiner optimalen Bewegungsqualität und Leistung finden.

Dennoch können willige, gangstarke Pferde auch mit verspannten Muskelpartien und einem unphysiologischen Gebrauch ihres Körpers Erstaunliches an Bewegungsqualität und Leistung zutage fördern. Allerdings ist dies nur unter vermehrter Anspannung und unnatürlicher Belastung anderer Muskelgruppen, Gelenke, Sehnen und Bänder möglich, was zunächst zu Unbehagen sowie auf Dauer zu gesundheitlichen Schäden führt. Lassen Sie sich von spektakulären Darbietungen einiger Reiter nicht täuschen: Ist ein Pferd nicht seriös ausgebildet, wird es niemals korrekt durch die Hanken und über seinen Rücken treten und bei genauer Betrachtung dauerhaft auf seiner Vorhand bleiben. Effekthascherische Schaureiterei geht immer zu Lasten der natürlichen Bewegung und der Gesundheit des Pferdes.

1

2

3

1 **Zu schlaffer Muskeltonus – der Rücken hängt durch, das Pferd ist auseinandergefallen.**

2 **Korrekter Muskeltonus – losgelassenes Pferd**

3 **Die Muskulatur arbeitet bei guter Dehnung in moderater Höhe und bei schön herantretendem Hinterbein sehr gut und kann sich in dieser Haltung nicht nur lösen, sondern auch kräftigen.**

DER RÜCKEN ALS BEWEGUNGSZENTRUM DES PFERDES

Das Pferd muss zu Beginn seiner Ausbildung lernen, das Reitergewicht physiologisch zu tragen. Auch das ausgebildete Pferd muss während der täglichen Arbeit immer wieder zum Dehnen seiner Rücken- und Nackenmuskeln ermuntert werden.

Obwohl die Hinterbeine für die Fortbewegung verantwortlich sind, ist der Rücken das eigentliche Bewegungszentrum des Pferdes. Er ermöglicht die Übertragung der Schubkraft der Hinterbeine auf die Gesamtvorwärtsbewegung des Pferdes. Darüber hinaus dient der elastisch schwingende Rücken als Stoßdämpfer, der einen Teil der Bewegungsenergie auffängt und damit die Beine wirkungsvoll entlastet. Sämtliche Begriffe wie Losgelassenheit, Selbsthaltung, Schwung, Elastizität, Schub-, Trag-, Feder- und Schnellkraft, aber auch ein angenehmes Sitzgefühl, Durchlässigkeit und Leistungsbereitschaft hängen wesentlich von einem schwingenden Rücken ab. Damit ist er unabdingbare Voraussetzung für die gesamte Leistungsfähigkeit, Leistungsbereitschaft und langfristige Gesunderhaltung jedes Reitpferdes.

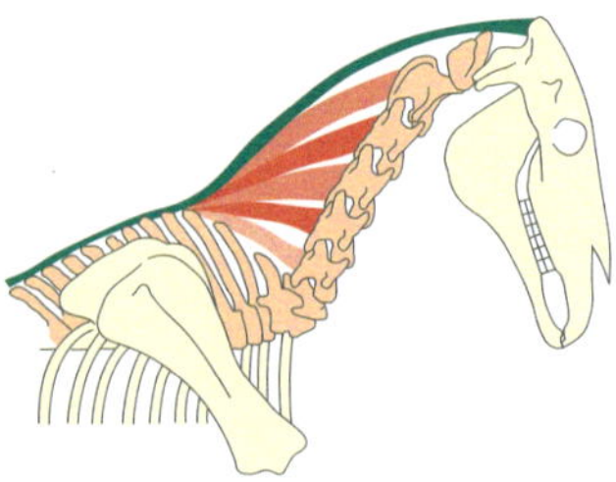

Halswirbelsäule mit Nackenband

Die Konstruktion des Rückens

Den Rücken kann man sich als Brücke zwischen Vor- und Hinterhand des Pferdes vorstellen. Man nennt sie Wirbelbrücke, weil sie aus vielen einzelnen Wirbeln besteht. Alle Rückenwirbel haben ***Dornfortsätze*** von verschiedener Länge und Richtung, die im Widerristbereich am längsten sind. Während die vorderen Dornfortsätze nach hinten gerichtet sind, weisen die hinteren inklusive die der Lendenwirbel nach vorne. Die Dornfortsätze der zum Kreuzbein verwachsenen 5 Kreuzwirbel weisen wieder nach hinten. Dies bedeutet, dass sich die Dornfortsätze bei falscher Belastung des Rückens gefährlich nahe kommen und das gefürchtete Kissing Spines Syndrom verursachen können (= sich berührende Dornfortsätze: Eine äußerst schmerzhafte Erkrankung).

All diese Dornfortsätze sind durch ein sehniges Rückenband miteinander verbunden. Aus diesem entspringt zum Kopf hin das Nackenband. Dieses besteht einmal aus dem elastischen, vier bis fünf Zentimeter starken Nackenstrang (grün), der am Hinterhauptsbein des Schädels ansetzt und die Grundlage des Mähnenkamms bildet. Den zweiten Teil bildet die Nackenplatte (rosa), die den Nackenstrang mit den Halswirbeln verbindet. Das Nackenrückenband als Ganzes bildet die obere Verbindung der Wirbelbrücke. Die untere Verspannung zwischen Vorhand und Hinterhand besteht aus den starken Sehnenmassen der Bauchdecke, die sich vom Brustbein zum Schambeinrand des Beckens ziehen (sogenannte weiße Linie).

Die Funktion der Rückenmuskeln

Der Lange Rückenmuskel ist ein fleischiger Muskel und einer der gewaltigsten des Körpers. Er dient in erster Linie der Fortbewegung des Pferdes. Hinten entspringt er dem Kreuzbein und Becken sowie den Dornfortsätzen der Lenden- und letzten Brustwirbel. Vorne setzt er an allen Brustwirbeln und am 7. Halswirbel an. Wirkt er von seiner hinteren Basis aus, hebt er die Vorhand bei aufgewölbtem Rücken an. Zieht er sich von seiner vorderen Aktionsbasis aus zusammen, biegt sich der Rücken nach unten durch, er wird hohl. Das bedeutet, dass Probleme, die beim Reiten auftauchen, über die Hinterhand korrigiert werden müssen. Korrekturmaßnahmen über Kopf und Hals lassen den Rückenmuskel fest werden und erschweren dem Pferd, seinen Rücken schwingend zu halten.

Die Langen Rückenmuskeln beider Seiten arbeiten in der Bewegung nicht gleichzeitig. Wenn das auffußende Hinterbein das Körpergewicht des Pferdes übernimmt, zieht sich der Lange Rückenmuskel der gleichen Seite von hinten her zusammen. Damit entlastet der Lange Rückenmuskel, zusammen mit dem Großen Gesäßmuskel, in der Bewegung die Vorhand. Am vollkommensten ist diese Wirkung im Galopp, weil der Wechsel zwischen Kontraktion und Dehnung

1 Hier ist der äußere Lange Rückenmuskel zusammengezogen, der innere gedehnt.
2 Umgekehrt ist hier der äußere Lange Rückenmuskel gedehnt, der innere zusammengezogen.

Das Pferd soll mit dem Gewicht von Kopf und Hals das Reitergewicht ausbalancieren. Dabei werden in der Vorwärts-Abwärts-Dehnung Kopf und Hals mittels Nackenband und Nackenmuskeln passiv am Widerrist aufgehängt. In dieser Haltung erlangt der Rücken mit dem Reitergewicht ohne wesentliche aktive Arbeit seine natürliche Form. Die Kopfbeugemuskeln im unteren Bereich des Halses bleiben untätig.

der Muskeln im Galopp am stärksten ist. Deshalb lösen sich Pferde mit festgehaltenem Rücken am leichtesten durch häufiges Angaloppieren aus dem Trab. Die korrekte Tätigkeit der Langen Rückenmuskeln erkennen Sie zunächst aber am leichtesten im Trab, unter anderem am abwechselnden An- und Abschwellen der beiden Seiten.
Aufgrund seiner Beschaffenheit ist der Lange Rückenmuskel nicht für dauerhafte Arbeit unter Spannung geeignet, sondern ein reiner Bewegungsmuskel. Dies mag seltsam anmuten, da der Reiter doch auf diesen Muskeln sitzt.
Die freie Beweglichkeit der Langen Rückenmuskeln trotz Gewichtsbelastung gestattet der richtige Einsatz des Nackenbandes und der Nackenmuskulatur. Diese Nackenmuskeln füllen den Zwischenraum zwischen den Halswirbeln und dem Nackenstrang vom Hinterhauptsbein bis zum Widerrist aus. Sie tragen Kopf und Hals und wirken in dieselbe Zugrichtung wie das Nackenband selbst. Bei korrekter Dehnung dieser Muskeln ziehen diese die langen Dornfortsätze des Widerristes etwas nach vorne. Unterstützt werden sie durch die passive Wirkung des Nackenbandes, das über das Rückenband den Rücken anhebt und somit die Langen Rückenmuskeln entlastet – damit sie frei beweglich sind.
In der Bewegung sind die Langen Rückenmuskeln mit dem Großen Gesäß- oder Kruppenmuskel verbunden. Daher kann der Rücken nur locker schwingen, wenn die Hinterbeine frei und ungezwungen vortreten, und umgekehrt.

1 Der Hals balanciert das Reitergewicht aus und hebt bei untertretender Hinterhand den Rücken an.
2 Der eingerollte Hals erschwert dem Pferd die Selbsthaltung. Es kommt auf die Vorhand.

Ist einer der genannten Muskeln verspannt, überträgt sich dieser Zustand auf den Breiten Rückenmuskel. Dieser zieht sich von der Lende und dem hinteren Rückenbereich aus als breite Platte schräg über die Rippen zum Oberarm. Dadurch wird der Oberarm festgehalten, der Vortritt des Vorderbeines behindert. Dieser Zustand äußert sich oft durch einen gebundenen Gang. Natürliche Schulterfreiheit ist deshalb nur in Kombination mit einem frei schwingenden Rücken möglich.

Die Rückenmuskeln setzen außerdem an den Rippen an. Die freie Atmung des Pferdes hängt deshalb ebenfalls vom losgelassenen und taktmäßigen Schwingen dieser Muskeln ab. Aus diesem Grund gilt das entspannte Abschnauben des Pferdes als Zeichen für die zwanglose Muskeltätigkeit seines Rückens. Interessant zu beobachten ist, dass Pferde mit wenig naturgegebenem Schwung bei völlig losgelassenem, vorbildlich schwingendem Rücken ungeahntes Gangpotenzial entwickeln können, wohingegen selbst ein Bewegungskünstler zusehends zum Strampeltier verkommt, wenn er ständig mit festgehaltenem Rücken geht. Zwar kann man auch einem Pferd mit festgehaltenem Rücken beibringen, spektakulär die Vorderbeine zu heben. Dies gehört jedoch eher in den Bereich der Schaureiterei als zu einer pferdegerechten Ausbildung.

Fazit: Ein festgehaltener Rücken zerstört schleichend den naturgegebenen Gang und führt zwangsläufig zu Unbehagen. Ein schlecht schwingender Rücken kann übrigens auch gebäudebedingt sein.

Schematisch vereinfachte Darstellung der Wirkung des Nackenbandes:

1 Bei korrekter Wirkung werden die unteren Halswirbel etwas angehoben und das Rückenband hebt den vorderen Rückenbereich an.

2 In dieser eingerollten Haltung wird das Nackenband nur im vorderen Bereich gedehnt. Damit fehlt der Zug am Rückenband und der Rücken sackt nach unten.

Wie erkennen Sie Mängel in der Rückentätigkeit?

Bitte unterscheiden Sie:

- ***Mängel in der Rückentätigkeit*** sind vorübergehende Schwierigkeiten des Pferdes, sich loszulassen, z. B. in bestimmten Lektionen oder Schrecksituationen.
- Tatsächliche ***Rückenprobleme*** entstehen, wenn die Rückentätigkeit über längere Zeit hinweg gestört ist.

Grundsätzlich muss man sagen, dass Mängel der Rückentätigkeit immer auch Mängel der natürlichen und harmonischen Fortbewegung des Pferdes nach sich ziehen. Was sind also die Grundbedingungen für einen natürlichen Gang auch unter einem Reiter?

- Frei sein von Muskelverspannungen und Gelenkblockaden, sodass die Reiterhilfen angenommen werden können.
- Losgelassene Nacken-, Rücken- und Gesäßmuskeln, sodass die Bewegungsenergie der Hinterbeine durch den ganzen Körper bis zum Genick fließen kann.
- Keine Störung der Tätigkeit von Rücken-, Kruppen- und Nackenmuskeln durch den Reiter.

Es gibt verschiedene Möglichkeiten, die Rückentätigkeit eines Pferdes zu überprüfen, wobei zu sagen ist, dass das reine Schwingen des Rückens allein keine Garantie für dessen Gesundheit ist. Mangelhaf-

1 **Das fehlerhafte Schieben mit dem Becken macht den Pferderücken fest. Das Pferd fällt auf die Vorhand und verliert an Gang.**
2 **Der in seiner Tätigkeit freie Rücken ermöglicht natürliche, ausdrucksvolle Bewegungen.**

tes Schwingen hingegen ist ein deutlicher Hinweis auf eine ernst zu nehmende Beeinträchtigung der Rückenfunktion.

Um sich über die Rückentätigkeit Ihres Pferdes Klarheit zu verschaffen, stehen Ihnen mehrere Möglichkeiten offen:

- Lassen Sie sich Ihr Pferd auf einem geeigneten Boden an der Hand vorführen. Beobachten Sie seinen Gang aufmerksam von hinten, vorne und der Seite.
- Longieren Sie Ihr Pferd ohne Sattel und Hilfszügel.
- Beobachten Sie Ihr Pferd unter einem anderen Reiter oder lassen Sie Videoaufnahmen von Ihrem Ritt erstellen (Achtung: Unter dem Sattel ist die Rückentätigkeit deutlich schwieriger zu erkennen, achten Sie hier vermehrt auf die Korrektheit der Bewegungen).

Jeweils die korrespondierende Bewegungsphase: Das Sprunggelenk wird deutlich nach hinten hochgezogen (1+3)

Achten Sie zunächst im Trab auf folgende Details:

- Bewegt sich Ihr Pferd taktmäßig und harmonisch? Fußt es dynamisch ab und fließen seine Bewegungen locker von hinten nach vorne durch seinen federnden Körper? Schön. Schwunglosigkeit,

Hier bewegt sich das Sprunggelenk korrekt (2+4)

Diese Fotoserie wurde im Abstand von ca. 0.25 Sekunden aufgenommen. Schön zu sehen ist, wie sich der Rücken des Pferdes je nach Bewegungsphase von hinten nach vorne bis in den Bereich hinter dem Widerrist aufwölbt und wieder absenkt.

Zum Vergleich: Die Mutterstute auf dieser Bildserie lässt den Rücken trotz tiefer Halshaltung durchhängen. Das Becken kippt nicht ab, die Lendenwirbelsäule wölbt sich nicht auf. Der Gang ist steif und schwunglos.

Dieselbe Mutterstute, einige Wochen später. Obwohl sie diesmal einige Spannungen zeigt und sich wenig dehnt, hängt der Rücken nicht mehr durch. Allerdings dürfte er noch etwas besser sichtbar nach oben schwingen. Deutlich dafür der ausdrucksvollere Gang.

Taktstörungen, verhaltener, unelastischer, kurzer, disharmonischer oder eiliger Gang sowie Spanntritte verraten dagegen Probleme.

- Bewegen sich die Sprunggelenke sofort nach dem Abfußen vorwärts-aufwärts unter den Pferdekörper? Gut. Werden die Sprunggelenke erst nach oben oder gar nach hinten weggezogen, dürfte eine Störung im Lendenbereich vorliegen.
- Tritt Ihr Pferd unter seinen Schwerpunkt oder „schaufelt" seine Hinterhand die Bewegungsenergie nach hinten hinaus?

- Werden die Vorderbeine locker aus den Schultern nach vorne geführt oder werden sie nach vorne geworfen? Solches „Strampeln“ deutet ebenfalls auf fehlende Losgelassenheit des Rückens hin.
- Spannen sich die großen Muskelpartien Ihres Pferdes gleichmäßig und rhythmisch an und ab? Sollten Sie das Gefühl haben, dass einzelne Muskeln stärker arbeiten als die umliegenden, könnten Spannungen in einzelnen Bereichen vorliegen.
- Hebt und senkt sich die Wirbelsäule in einer wellenförmigen Bewegung von hinten nach vorne bis in den Bereich des Widerristes hinein (dies sehen Sie besonders gut, wenn Sie einen Zaun etwa in Rückenhöhe haben, den Sie als optische „Hilfslinie“ benützen können)? Auch wenn die Beweglichkeit der gesamten Wirbelbrücke sehr unterschiedlich sein kann, so ist nur ein Pferd, das seine Wirbelsäule nach oben aufwölben kann, in der Lage, mit seinen Hinterbeinen gerade unter seinen Schwerpunkt zu fußen. Fehlt diese Mobilität, müssen die Hinterbeine gezwungenermaßen einen seitlichen Umweg beschreiten. Dies belastet die verschiedenen Gelenke vermehrt.

Falsch: Hier schwingt der Rücken nach unten

Im Schritt erkennen Sie die korrekte Rückentätigkeit vor allem am losgelassenen, raumgreifenden Schreiten. Dagegen sind ungleichmäßige Schritte, passartiger Gang, eilige, zackelige oder verhaltene Schritte immer Hinweise auf Rückenprobleme. Im Galopp muss der Durchsprung rund und harmonisch sein. Einen festgehaltenen Rücken erkennen Sie oft an einer relativ steifen Hinterhand und ungebeugten Hanken.
Haben Sie übrigens das Gefühl, Ihr Auge sei zu langsam, um solche Bewegungen eindeutig als korrekt oder fehlerhaft zu entlarven, leisten Ihnen Foto- oder Videoaufnahmen wertvolle Dienste.
Leider können uns Pferde nicht sagen, ob und wo sie Schmerzen haben. Deshalb sind Sie als Reiter und Aus-

Schwingt der Rücken korrekt, bleibt er auch in der Vorfußphase aufgerichtet. Er schwingt nun nach oben.

bilder gehalten, alle Anzeichen, die auf seelische oder körperliche Probleme hinweisen können, zu erkennen und entsprechende Maßnahmen zu ergreifen. Für die langfristige Gesunderhaltung Ihres Pferdes ist es insbesondere notwendig, auftretende Rückenprobleme möglichst frühzeitig zu erkennen und diesen entgegenzuwirken, da sie zu festgefahrenen Ausweichbewegungen und Fehlbelastungen führen.

Weitere Symptome, die auf Rückenprobleme hinweisen können

- Empfindlichkeit beim Putzen und Abtasten des Rückens
- Mangelhafte oder falsche Rückenmuskulatur (auch sogenannte Ersatzmuskulatur)
- Sattelzwang, Unruhe beim Aufsitzen
- Häufiges Durchhängen lassen oder Festhalten des Rückens
- Dauernde Mängel in der Losgelassenheit oder fehlende Zwanglosigkeit
- Genick- und Maulprobleme, Kopfschlagen, Zähneknirschen etc.
- Lahmheiten aller Art, die nicht eindeutig den Beinen zugeordnet werden können
- Neigung zum Kreuzgalopp
- Mangelhaftes Annehmen der Reiterhilfen
- Extreme Triebigkeit oder auch Wegeilen des Pferdes

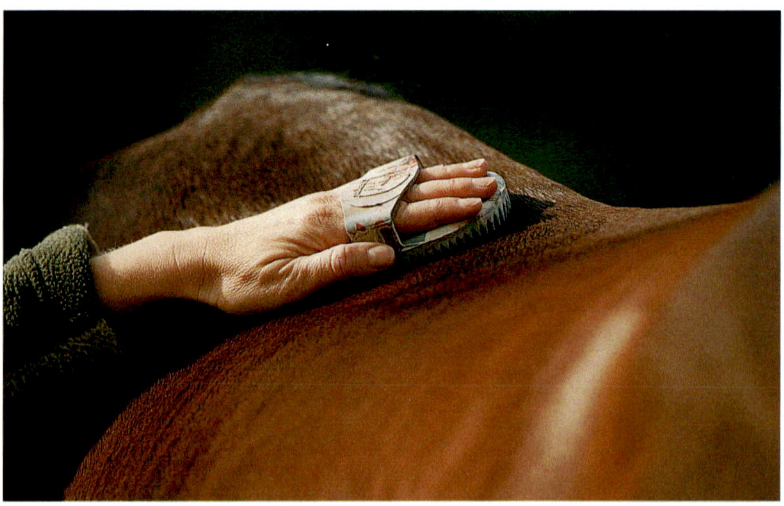

Betrachten Sie die tägliche Pflege des Pferdes nicht als lästige Pflicht. Beim aufmerksamen Putzen können Verspannungen und andere Unregelmäßigkeiten erkannt werden.

- Schlechtes Sitzgefühl, z. B. hart, holprig, werfend
- Steigen, Durchgehen, Bocken und andere heftige Widersetzlichkeiten

Geraten Sie nicht gleich in Panik, falls Sie solche Symptome bei Ihrem Pferd feststellen. Mängel in der Rückentätigkeit sind leider bei Pferden sehr häufig, aber Sie können die Verantwortung für Ihr Pferd übernehmen und Abhilfe schaffen:

- Kontrollieren Sie das Sattel- und Zaumzeug Ihres Pferdes gründlich. Beides muss Ihrem Pferd einwandfrei passen und darf es nicht einengen bzw. Schmerzen verursachen.
- Lassen Sie die Zähne Ihres Sportkameraden von einem Fachmann überprüfen. Haken, Wolfszähne und anderes können Ihrem Pferd das Reitpferdeleben zur Hölle machen.
- Lassen Sie die Hufstellung Ihres Pferdes vom Fachmann überprüfen. Kein Pferd kann sich mit falsch bearbeiteten Hufen natürlich bewegen.
- Überprüfen Sie Ihren Sitz und Ihre Einwirkung selbstkritisch. Lassen Sie Videoaufnahmen von sich machen und studieren Sie diese. Wenden Sie sich bei Unsicherheiten und Problemen an einen kompetenten Ausbilder; nehmen Sie auch Sitzlongenstunden. Das Motto dabei darf nicht lauten: „XY sitzt noch schlechter als ich", sondern: „Sind mein Sitz und meine Einwirkung gut genug, dass ich mein Pferd damit nicht unnötig belaste?"
- Sind Sie unter den erwähnten Punkten nicht „fündig" geworden, wenden Sie sich an einen erfahrenen Osteotherapeuten. Dieser ist in der Lage, Gelenkblockaden und Muskelverspannungen manuell zu lösen. Allerdings ist auch hier Ihre Mitarbeit vonnöten: Wenn Sie nicht bereit sind, Ihrem Pferd auch die passende Ausrüstung und einen zumutbaren Reiter zu gönnen, werden Verspannungen und Blockaden im Nu wieder da sein.

Da sämtliche Ausbildungsschritte nur in Zusammenhang mit einem locker schwingenden Rücken korrekt sein können, machen Sie es sich am besten zur Gewohnheit, die korrekte Rückentätigkeit Ihres Pferdes stets als Gradmesser der Korrektheit Ihrer Arbeit zu betrachten. Eine Lektion oder ein Übergang können nur korrekt sein, wenn

die Losgelassenheit und damit die Rückentätigkeit erhalten geblieben ist. Wie Sie also sehen, kann man die Rückentätigkeit als DAS zentrale Thema einer seriösen und gesundheitsverträglichen Ausbildung bezeichnen.
Im Normalfall ist es so, dass sich die Rückentätigkeit über eine Trainingseinheit laufend verbessert. Zeigt Ihr Pferd jedoch zu Beginn der Arbeit extreme Verspannungen (z.B. nach der Boxenruhe oder bei großer Kälte, so denken Sie doch über eine Haltungsänderung nach (z.B. Auslaufbox, Decke etc.). Normalerweise sollte die Muskulatur bereits im Schritt so weit gelockert sein, dass der Rücken nach wenigen Runden Trabarbeit frei schwingt. Mit der verbesserten Durchblutung lässt sich das Pferd immer besser los. Dieses korrekte ***nach oben Schwingen*** des Pferderückens sollte sich mit fortschreitender Ausbildung ***immer früher, stärker und dauerhafter einstellen***. Ist dies der Fall, sind Sie mit Ihrer Ausbildungsarbeit auf dem richtigen Weg.

Eigenheiten spezieller Rückenformen

Ein ***kurzer, stark bemuskelter Rücken*** verfügt über eine hohe natürliche Tragfähigkeit. Solche Pferde können durch Versteifung oder Durchhängen lassen ihres Rückens lange Zeit einen Reiter tragen, ohne ihre Muskeln loszulassen. Deshalb fällt es ihnen so schwer, den Hals fallen zu lassen. Sie müssen mit viel Geschick in die Tiefe geritten werden, damit sich ihre Rückenmuskeln lösen.

Viel leichter fällt das Loslassen Pferden mit ***schwächerem Rücken***, da sie einen Weg suchen, ihren Rücken zu entlasten und gerne ihre Nackenmuskeln bemühen, um das Reitergewicht zu tragen. Allerdings übertreiben sie das Strecken in die Tiefe gerne und haben die Neigung, sich auf die Hand zu legen.

Der ***Senkrücken*** ist ein abgesackter Rücken, oft zu sehen bei jahrelang falsch gerittenen Pferden, solchen mit von Natur aus weichem oder schwachem Rücken oder aber bei alten Pferden, die in ihrem Leben hart beansprucht wurden. Hier ist oft das Rückennackenband verkürzt. Um zu verhindern, dass sich die ohnehin schon nahen Dornfortsätze ganz berühren, müssen solche Pferde konsequent in leichter Dehnungshaltung über den Rücken gearbeitet werden.

Im Gegensatz zum Senkrücken, der meistens angeritten bzw. durch Überlastung oder falsche Belastung entstanden ist, resultiert der ***weiche Rücken*** aus einer ungünstigen Rückenform und/oder schlaffer Muskulatur. Bei solchen Pferden muss unbedingt die Rückenmuskulatur aufgebaut und gekräftigt sowie das Rückenband durch korrekte Arbeit gestrafft werden.

Ein ***gerader Rücken*** neigt zwar nicht so zum Durchsacken nach unten, dafür halten sich Pferde mit dieser Rückenform gerne im Rücken fest. Damit fällt es ihnen auch schwer, mit den Hinterbeinen frei nach vorne durchzuschwingen. Auch hier hilft nur eine durchdachte Gymnastizierung, um das Problem in den Griff zu bekommen.

Vergleichsweise harmlos ist ein ***(zu) langer oder kurzer Rücken***, zumindest in Verbindung mit einem genügend kräftigen und langen Hals. In ersterem Fall sind die Pferde meistens recht sitzbequem, dafür ist es schwieriger, sie korrekt unter den Schwerpunkt zu arbeiten. Dafür neigen Pferde mit kurzem Rücken dazu, sich festzuhalten und den Reiter zu „werfen". Dadurch werden auch ihre Bewegungen abgehackt und kurz. Beide Rückenformen kann man bei korrekter Ausbildung gut in den Griff bekommen.

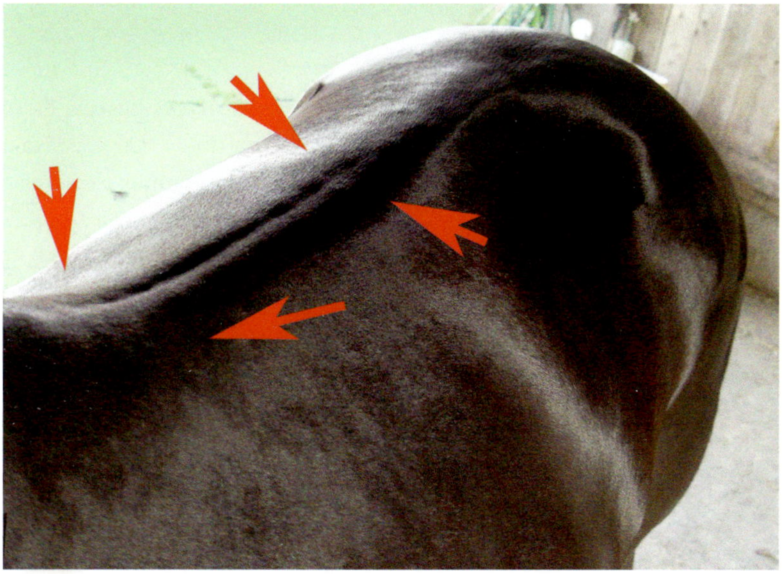

Wenig deutlich ausgeprägte Rückenmuskulatur eines blutgeprägten Pferdes. Ein solcher Rücken soll nur schonend belastet werden.

DIE HINTERHAND ALS MOTOR DES PFERDES

Die Hinterhand hat die Funktion des Abschubes und kann als der Motor für die Fortbewegung bezeichnet werden. Der Funktion entsprechend besteht auch ein deutlicher Unterschied darin, wie Vorhand bzw. Hinterhand mit dem Rumpf verbunden sind.
Das Hinterbein ist im Hüftgelenk mit dem Becken (und damit mit dem Rumpf) verbunden. Die beim Reitpferd erwünschte federnde Hinterhand kann deshalb nur durch die Beugung aller Gelenke der Hinterhand erreicht werden. Diese Beugung erfordert eine hohe Beanspruchung der Muskeln und Gelenke und wird „Hankenbeugung“ genannt.

Die Tätigkeit der Hinterhand wird einerseits durch starke, rein fleischige Muskeln und andererseits durch sehnige Spannbänder mit statischer Funktion unterstützt. Je gestreckter die Gelenke sind (also je flacher die Winkelung der Gelenke), desto weniger Muskelkraft wird benötigt. Die verstärkte Winkelung, die zur Federung der Gelenke nötig ist, ist deshalb sehr anstrengend. Als logische Konsequenz versuchen die meisten Reitpferde sich dieser Belastung zu entziehen, indem sie mit einem oder beiden Hinterbeinen ausweichen und sich dabei mehr oder weniger schief machen. Wird dies nicht korrigiert, kann sich die Schiefe beim gerittenen Pferd sogar noch verstärken. Pferden mit einer kräftigen und wohl geformten Hinterhand, bei der die Winkelung der Gelenke sowie das Muskelpotenzial, welches diese Gelenke unterstützt, harmonieren, fällt es deutlich leichter, die nötige Tragkraft zu entwickeln, um einen Reiter locker und entspannt zu tragen, als einem Pferd mit Gebäudeproblemen (z. B. schwache Hinterhand, ungünstige Winkelung der Gelenke etc.).

Zusammengefasst kommen der Hinterhand des Reitpferdes also folgende Funktionen zu:

- der Abschub vom Boden in die Vorwärtsbewegung (natürliche Funktion),
- das federnde Tragen des Körpers in der Hankenbeugung (teilweise antrainierte Funktion).

Deutlich zeichnen sich die Gelenke im Gang ab:
H = Hüftgelenk K = Kniegelenk S = Sprunggelenk F = Fesselgelenk

Für eine korrekte, gesundheitsverträgliche Fortbewegung von Pferd und Reiter müssen die Hankengelenke Last übernehmen. Dafür müssen sie sich beugen lassen. Die gesamte Ausbildung des Pferdes zielt im Endeffekt darauf ab, das Pferd so geschmeidig zu machen, dass es sich dieser unbequemen Beugung nicht mehr entzieht und tatsächlich mehr Gewicht mit seinen Hanken, allen voran dem Hüftgelenk, abfedert. Diese Hankenbeugung zu erarbeiten und zu verbessern ist ein Prozess, der sich durch die gesamte Ausbildung zieht.

Die für die Arbeit mit Ihrem Pferd wichtigen Hinterhandgelenke sind die sogenannten Hanken. Dazu gehören vor allem das Hüft- und Kniegelenk, aber auch das Sprunggelenk.

- Das ***Sprunggelenk*** ist relativ unbemuskelt und ermüdet aufgrund seiner Konstruktion fast nicht.
- Das ***Kniegelenk*** wird durch starke Muskelgruppen unterstützt. Es ist durch zwei sehnige Spannbänder so mit dem Sprunggelenk verbunden, dass eine Streckung oder Beugung immer in beiden Gelenken stattfindet. Diese Bewegungen erfordern kaum Muskelkraft.
- Das ***Hüftgelenk*** wird von fleischigen Muskelgruppen unterstützt, die jedoch leicht ermüden. Das bedeutet, dass das Hüftgelenk deutlich mehr Gewicht aufnehmen könnte als die weniger durch Muskeln unterstützten Gelenke. Gleichzeitig ermüdet es aber auch viel leichter und lässt sich deshalb nicht gerne in die Pflicht nehmen.

1 Vorschwingen
2 Auffußen
3 Durchfedern
4 Abschieben

Den natürlichen Bewegungsablauf des gesunden, unverdorbenen Jungpferdes zu erhalten, ist oberstes Gebot jeder Ausbildung.

Die Anmut eines Pferdes offenbart sich in seinen natürlichen Bewegungen.

Der korrekte Bewegungsablauf der Hinterhand wird in vier Phasen eingeteilt: Vorschwingen, Auffußen, Stützen, Abschieben.
Beobachten Sie ein junges, gesundes und unverdorbenes Pferd im Freilauf, so sehen Sie in allen Gangarten folgendes Bild: Das Hinterbein schwingt in Beugehaltung vor. Im Moment des Auffußens ist das Hüftgelenk maximal gebeugt, Knie- und Sprunggelenk sind aber nicht voll gestreckt. Im Augenblick, wenn das aufgesetzte Bein die Körperlast übernimmt, federt die ganze Gliedmaße in allen Gelenken leicht durch. Erst dann beginnt die Streckung der Gliedmaße in allen Gelenken und erreicht ihren Höhepunkt beim Abschieben.
Wird der Gang unnatürlich, versucht das Pferd, das Durchfedern aller Gelenke am belasteten Stützbein abzukürzen.
Die Aufgabe des guten Reiters ist das Erfühlen und Verlängern dieser Bewegungsphase (= Entwicklung der Tragkraft). Ist es nun aber dem Pferd zu anstrengend, diese Beugephase einzuhalten, wird es

versuchen, die Gelenke möglichst lang in Streckstellung zu halten und damit den Gang zu verkürzen.
So kennzeichnen sich prakisch sämtliche Gangfehler dadurch, dass das Durchfedern der Hanken vom Pferd so kurz wie möglich gehalten wird. Dies spürt der Reiter auf vielfältige Weise: Der Gang kann unelastisch werden, die Kruppe kommt hoch und die Tätigkeit von Hinterhand und Rücken läßt sich schlecht kontrollieren; mit allen negativen Folgen für die Durchlässigkeit.
Geräumig kann die Bewegung aber nur mit einer genügend langen Beugephase sein, weil das jeweils andere Hinterbein Zeit zum Vorschwingen braucht.

DIE VORHAND ALS STÜTZELEMENT DES PFERDES

Von der Vorhand des Pferdes geht ebenfalls eine aktive Kräfteentfaltung aus (abdrücken, abschieben). Allerdings überwiegt die passive Beanspruchung beim Auffangen, Ausfedern, Stützen und Ausbalancieren der Körperlast. Die Vorhand hat also eine vorwiegend tragende Funktion.
Zwischen Vorhand und Brustkorb gibt es beim Pferd keine knöcherne Verbindung. Der Brustkorb ist mit einem starken Muskel (Rumpfträger) zwischen den Schultergliedmaßen aufgehängt. Daraus ergibt sich im Gegensatz zur Hinterhand eine natürliche, elastische Federung der Vorhand.
Die vor allem durch sehniges Gewebe unterstützte Vorhand ermüdet weniger schnell, muss aber eine gewisse natürliche Stabilität mitbringen, da sie sich nur unmaßgeblich formen und kräftigen lässt.
Bei einer Vorhand, die im Vergleich zum restlichen Körper schwächlich ausgebildet ist, besteht eine erhebliche Gefahr von Sehnen- und Gelenkserkrankungen, vor allem, solange Vorderlastigkeit und Schiefe nicht behoben sind. Deshalb sind bei unzureichend gymnastizierten Pferden Taktunreinheiten, Verspannungen und Lahmheiten, die dem Schulterbereich entspringen, genauso an der Tagesordnung wie Gangfehler, die ihren Ursprung in der Bewegungsmechanik der Hinterhand haben.

DIE BAUCHMUSKELN ALS UNTERSTÜTZUNG DER BEWEGUNGSMUSKELN

Die Bauchmuskeln fungieren als Träger der Eingeweide in einer Art „Hängematte“ und als statisches Organ für die untere Verspannung der Wirbelbrücke zwischen Brustbein und Becken. Die verschiedenen Bauchmuskeln schließen sich in der Mitte des Bauches zur weißen Linie, einem stark sehnigen Spannband, zusammen. Zieht sich der gerade Bauchmuskel zusammen, zieht er den unteren Rand des Beckens vor, wölbt damit den Rücken nach oben und ermöglicht dadurch der Hinterhand ein weites Vorgreifen. Übertrieben sollte die Beanspruchung der Bauchmuskeln als Bewegungsmuskeln allerdings nicht werden. In einem andauernden Spannungszustand könnten sie auf die Eingeweide drücken und die Atmung behindern. Von Bedeutung für die Bewegung sind die Bauchmuskeln vor allem im Galopp. Wichtig ist diese Erkenntnis insbesondere für die Arbeit mit tragenden Stuten, denen zumindest bei fortgeschrittener Trächtigkeit keine unfreiwillige Galopparbeit mehr zugemutet werden sollte, und für die Arbeit mit Pferden, deren Bauchmuskeln erschlafft sind. Durch gezielte Galopparbeit kann zumindest bei jüngeren Pferden ein solcher „Hängebauch“ meistens gekräftigt und zurückgebildet werden.

Tätigkeit der Bauchmuskeln

GENICK UND HALS

Der kantige Knochenabschluss knapp hinter den Ohren Ihres Pferdes ist die Hinterhauptsschuppe, an der das Nackenband ansetzt. Die darunter liegende Gelenkverbindung zwischen dem Hinterhauptsknochen und dem ersten Halswirbel bildet das Genick des Pferdes. Der Atlas (= erster Halswirbel und „Kopfträger") trägt den Kopf des Pferdes und ermöglicht dessen Nicken. Dagegen ist die seitliche Beweglichkeit sehr gering. Daraus ergibt sich, dass das „durchs Genick treten" durch das entspannte Abkippen im Genick entsteht. Die Stellung findet im gleichen Gelenk statt, fällt aufgrund der geringen Seitwärtsbeweglichkeit des Genicks jedoch eher gering aus. Die Axis (= zweiter Halswirbel und „Umdreher") erlaubt dagegen aufgrund ihres Zapfengelenks großzügige Kopfdrehungen. Der Hals ist daher horizontal und vertikal sehr beweglich, was dem Pferd eine gute „Rundumsicht" erlaubt.
Die Halswirbelsäule besteht aus 7 Wirbeln, die vom Schädelknochen bis zu ihrer Verbindung mit der Brustwirbelsäule natürlicherweise eine leichte S-Form bilden. Die Funktion des Halses als Balancierstange sowie die Wirkung des Nackenbandes wurden bereits an anderer Stelle besprochen. Daher bleibt mir hier noch zu erwähnen, dass durch die korrekte Tätigkeit der Nackenmuskeln und des Nackenbandes die Halswirbel 7 bis 4 sowie die ersten drei Brustwirbel leicht angehoben werden, sodass der Widerrist etwas höher wird. Dies geschieht immer dann, wenn sich die Nackenmuskeln richtig dehnen. Bei korrekter, aus guter Hankenbeugung resultierender Versammlung, beschreibt die Halswirbelsäule dann einen fast gleichmäßigen, konvexen Bogen. In dieser Haltung findet das Reitpferd zu seiner bestmöglichen Durchlässigkeit.
Dagegen führt jeder Versuch, den Hals ohne ehrliche Dehnung in eine bestimmte Form pressen zu wollen, zu einer Verstärkung der S-Form. Genau wie das Anspannen der Kopfbeugemuskeln. Durch die Verstärkung der S-Form kommt es zu einem Unterbruch der Wirbelreihe, sodass die Durchlässigkeit verschlechtert wird. Der Impuls der Hinterhand kann nicht mehr störungsfrei bis zum Genick bzw. Pferdemaul durchkommen.

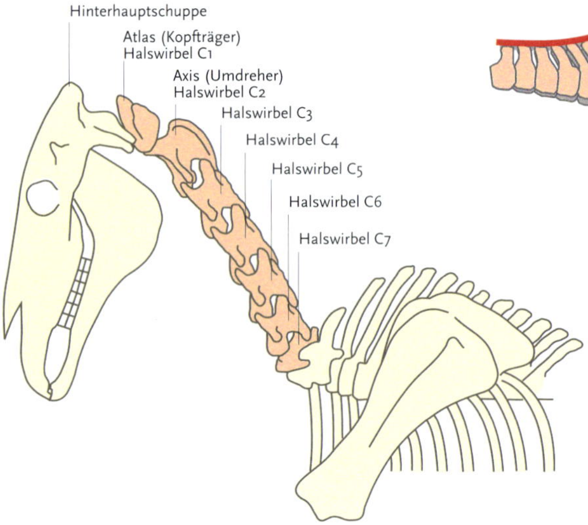

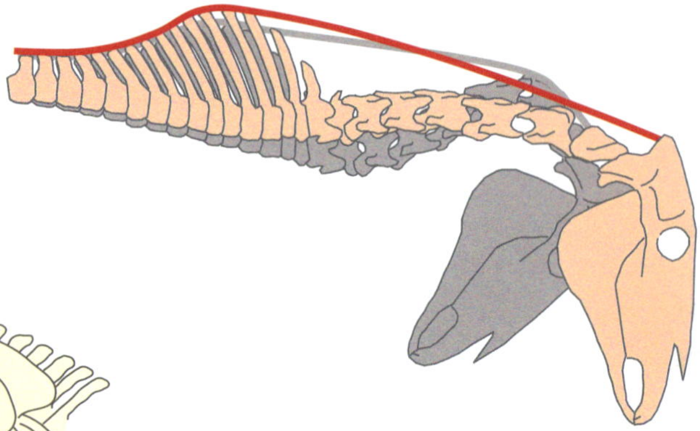

Rot: Bei korrektem Gebrauch des Nackenbandes und der Nackenmuskulatur heben sich die ersten Brustwirbel und die letzten Halswirbel an. Der Widerrist wird etwas höher. Grau: Durch das „auf die Brust ziehen" des Kopfes wird die Wirbelreihe unterbrochen. Die Verbindung der Brustwirbelsäule zur Halswirbelsäule senkt sich ab.

Achten Sie auf die Reaktion des Pferdes auf das zu enge Einstellen. Die Zunge verspannt sich und wird zur Entlastung herausgestreckt. Wäre das Nasenband zu eng verschnallt, wäre dies nicht möglich, sodass sich der Kiefer noch stärker verspannen würde.

Die Haltung von Genick und Nase während der Arbeit

Gemäß Reitlehre wird eine Kopf-Hals-Haltung angestrebt, bei der die Nase des Pferdes stets vor oder an der Senkrechten getragen wird und das Genick außer in Dehnungshaltung immer der höchste Punkt sein soll. Diese Vorstellung basiert auf anatomischen Gesetzmäßigkeiten.

Der losgelassene Hals des Pferdes ist mit dem Nackenband und den Nackenmuskeln gewissermaßen am Widerrist aufgehängt. Bei tiefer Halshaltung übernimmt das sehnige Nackenband die Hauptarbeit, bei höherer Haltung unterstützen die Nackenmuskeln aktiv das Tragen von Kopf und Hals. Bei funktionierendem Nackenband (dieses kann auch versteift oder erschlafft sein) und untätiger Unterhalsmuskulatur fällt der Hals so, dass die Nase automatisch immer vor oder an der Senkrechten hängt.

Für die richtige Haltung des Kopfes sorgen zudem die lockeren Genickmuskeln. Das ist die Muskulatur, die den Raum zwischen Hinterhauptknochen, Atlas/Axis sowie Nackenband ausfüllt. Ist diese verspannt, kann das Pferd entweder über oder hinter dem Zügel gehen. Wenn sie aber losgelassen ist, ist die richtige Haltung des Pferdekopfes eine reine Frage der Schwerkraft. Ganz ohne Zutun des

Reiters oder eines Ausrüstungsgegenstands! Bitte beherzigen Sie diesen Punkt ganz besonders während Ihrer Ausbildungsbemühungen. Selbstverständlich ist das Genick bei Vorwärts-Abwärts-Dehnung nicht der höchste Punkt. Auch beim täglichen Training werden Sie sinnvollerweise die Haltung ständig zwischen Strecken und verschiedenen Arbeitshaltungen variieren, wobei das Genick immer wieder in Positionen kommen wird, in denen es nicht der höchste Punkt des Pferdes ist. Diese Variation verschiedener Dehnungsgrade ist wichtig, damit Ihr Pferd locker und geschmeidig wird und auch bleibt. Sie sind dabei allerdings gut beraten, die Regel, dass die Nase nach Möglichkeit nie hinter die Senkrechte kommen soll, zu beherzigen.
Sicher werden Sie jetzt eine Frage haben: Wenn doch eigentlich das Genick der höchste Punkt des Pferdes sein soll, und wenn diese Haltung doch in Grunde so einfach zu erzielen ist, warum sieht man das so selten?
Betrachten Sie noch einmal die Grafik auf S. 14. Das Skelett zeigt in „normaler" Haltung das Genick als höchsten Punkt. Der obere Strich simuliert den Fettkamm des Pferdes. Der Mähnenkamm und die Halswirbel gehen aber grundverschiedene Wege. Ab dem zweiten Halswirbel verschwindet die Halswirbelsäule zusehends unter dicken Sehnen- und Muskelmassen, die den Raum zwischen Mähnenkamm und Halswirbeln ausfüllen. Je nach Dicke dieser Muskelmassen und des Fettkamms kann es nun durchaus vorkommen, dass optisch der Mähnenkamm über dem zweiten Halswirbel den höchsten Punkt des Pferdes bildet. In der Regel ist dieser Punkt beim

„Durchs Genick gehen" bedeutet **keine** aktive Tätigkeit des Pferdes. Schon gar kein Biegen der Halswirbelsäule zwischen Atlas und Axis oder Axis und drittem Halswirbel! „Durchs Genick treten" bedeutet nichts anderes, als dass das Pferd seine Nackenmuskulatur und sein Genick entspannt und dadurch seinen Hals ans Gebiss herandehnt. In diesem Zustand korrekter Dehnung ist das Genick fast automatisch der höchste Punkt. Eine entscheidende Aufgabe des guten Reiters ist daher, die Hals- und vor allem die Genickmuskeln zu lockern.

1

2

1 Das Genick wirkt wie ein Hebel. Bei entspannter Nacken- und Genickmuskulatur erledigt die Schwerkraft das „durchs Genick stellen" des Pferdes.
2 Die Nase wird unnatürlich nach vorne gereckt: Ein Hinweis auf eine verspannte Genickmuskulatur.

1 Nase gut vor der Senkrechten, Genick höchster Punkt
2 Hier überragt der kräftige Fettkamm das Genick geringfügig. Dennoch ist diese Haltung einwandfrei.
3 Selbstverständlich ist so etwas NICHT gemeint! Hier wird das Pferd durch die Reiterhand in den oberen Halswirbeln gebogen.

korrekt gerittenen Pferd etwa gleich hoch wie das Genick selbst. Je nachdem kann das Genick optisch aber auch minimal tiefer liegen. Am Skelett betrachtet ist aber immer noch das Genick der höchste Punkt. In diesem Fall geht das Pferd absolut korrekt „durchs Genick".
Um zu beurteilen, welche Haltung akzeptabel und welche fehlerhaft ist, muss unbedingt das ganze Pferd betrachtet werden. Die Gangmechanik, Tätigkeit von Rücken und Muskulatur, aber auch der Gesichtsausdruck des Pferdes sind in die Beurteilung einzubeziehen.
Sehr problematisch ist vor allem die Unsitte, Pferde mit falschem Knick, eng im Hals oder gar eingerollt zu arbeiten. Nicht nur die Atmung wird so behindert. Dadurch wird auch die Verbindung der einzelnen Wirbel ungleichmäßig. Wirbelzwischenbänder können so Mikroschäden erleiden. Ausgeleierte Muskeln in den überdehnten Bereichen verlieren ihren Tonus. Durch häufige harte Handeinwirkung entstehen darüber hinaus Schäden im Bereich der Halswirbelsäule sowie am Nackenband. Die zahlreichen Blockaden vor allem bei Sportpferden in diesen Bereichen sollten deren Reiter aufhorchen lassen.
In diesem Zusammenhang noch ein Wort zur Kautätigkeit: Häufig wird angenommen, dass starkes Speicheln des Pferdes ein gutes Zeichen sei. Das ist so nicht richtig. Starkes Speicheln deutet eher auf Nervosität oder Verspannungen (insbesondere von Kiefer und Zunge) hin, kann aber – vor allem bei älteren Pferden – auch von Zahnproblemen herrühren, sodass man daraus keinen verlässlichen Schluss über Handeinwirkung und Korrektheit der Anlehnung ziehen kann. Beim Kauen, das durch echte Losgelassenheit entsteht, zeigt sich meist nur ein feines Schäumchen an der Lippenspalte. Möchten Sie Gewissheit über die Korrektheit der Anlehnung, verlassen Sie sich lieber auf das zuverlässige Durchkommen Ihrer Hilfen und optisch auf das entspannte Kinn als auf eine ausgeprägte Kautätigkeit.

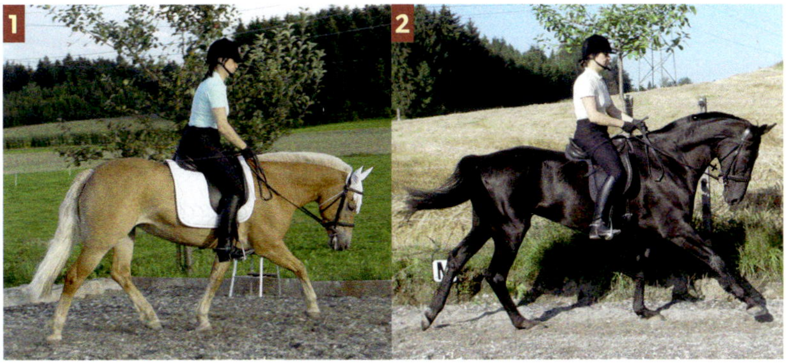

1 Hier ist die Nase etwas tief und hinter die Senkrechte geraten. Die Atmung ist aber nicht behindert, der Rücken ist aufgewölbt.
2 Das Pferd spannt die untere Halsmuskulatur deutlich an. Die gespannten Bewegungen und der Schweif verraten Stress.

Auf dem rechten Foto überragt der Fettkamm über dem 2. Halswirbel optisch das Genick. Dennoch ist die Halswirbelsäule gleichmäßig gestreckt und tatsächlich ist das Genick der höchste Punkt. Die obere Halslinie ist konvex gebogen, die untere Halslinie wirkt kürzer. Die Nackenmuskeln tragen Kopf und Hals, die Kopfbeugemuskeln sind abgespannt. Dabei ist die Drosselrinne gut sichtbar. Dieses Pferd kaut relativ stark. Durch das Kauen wird die Unterlippe zwar bewegt, aber das Maul bleibt trotz Fehlens eines Nasenbandes geschlossen. Das Gebiss wird also korrekt auf der Lade getragen. Der ganze Gesichtsausdruck des Pferdes verrät Zufriedenheit. Die Nase bleibt etwas vor der Senkrechten. Ganz wichtig: Das Pferd ist trotz guter Aufrichtung nicht eng im Hals, sodass die Atmung nicht behindert wird.

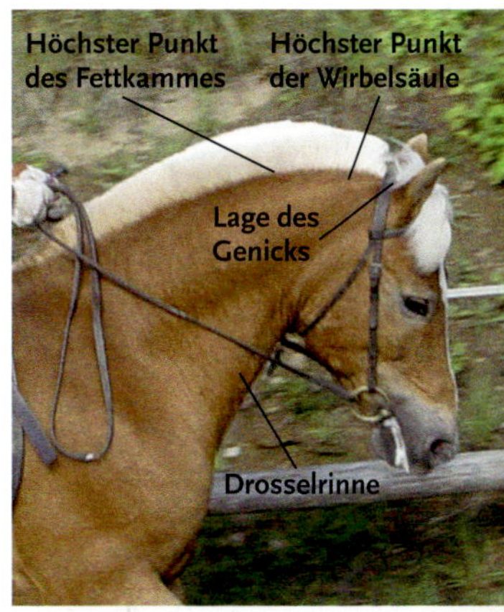

Manche Halsformen erfordern ein spezielles Vorgehen in der Ausbildungsarbeit.

Ein ***Hirschhals*** ist in der Regel angeritten. Durch ständiges Wegdrücken des Rückens und Gegen-die-Hand-gehen stützt sich das Pferd mit seiner Unterhalsmuskulatur gegen die Reiterhand sowie den schmerzenden Rücken ab. Dem Pferd darf keine Stütze geboten werden. Sucht es sich aufgrund von Rückenproblemen eine Stütze auf Ihrer Hand, so müssen Sie dieses Rückenproblem behandeln lassen. Ist es ein reiner Einwirkungsfehler, müssen Sie Ihr Pferd zwar fleißig von hinten an die Hand herantreiben, es aber mit viel Geschicklichkeit und niemals mit starrer Hand im Tempo kontrollieren. Sinnlos sind alle Hilfszügel, die dem Pferd ein Abstützen mit dem Unterhals ermöglichen.

Vom korrekten Kauen entsteht meist nur etwas „weißer Lippenstift".

Die Ursachen eines ***ausgeprägten Unterhalses*** können ganz ähnlich, aber auch durch das Gebäude bedingt sein. Oftmals versucht das Pferd, einen zu schwachen oder schmerzenden Rücken mit seinem Unterhals abzustützen. Aber auch zu starke Handeinwirkung, welche Gegenwehr provoziert, unterstützt die Bildung eines Unterhalses. Einen leichten Unterhals bekommt man mit korrekter Arbeit gut in den Griff. Oft handelt es sich dabei um sehr vorderlastige Pferde, die ein schlechtes Körpergefühl und damit verbunden eine wenig tätige Hinterhand haben. Bei solchen Pferden muss die Dehnungsbereitschaft gründlich gefördert werden.

Auch bei einem ***schweren Hals mit festen Ganaschen*** sollte man sich nicht gleich graue Haare wachsen lassen. Durch viel Dehnungsarbeit bei verschieden langer Anlehnung kann hier viel gewonnen werden. Wichtig ist, solche Pferde nicht in eine enge Haltung zu zwingen. Sie müssen sich ehrlich loslassen und ans Gebiss herandehnen, weil sie sich sonst auf die Hand legen. Bei erzwungener Beizäumung können die Ganaschen gequetscht werden.

Auch ein ***loser Hals*** kann Ihnen einige Unannehmlichkeiten bescheren, da er sehr beweglich ist. Einen losen Hals können Sie mit der Zeit umformen, indem Sie die korrekte Grundausbildung durchlaufen und bei fortgeschrittener Ausbildung vermehrt durch Biegearbeit auch den Hals kräftigen.

1 Nein, dieses Pferd hat keinen Hirschhals. Es hat sich lediglich erschrocken und hält deshalb seine Muskeln fest. In dieser Haltung über dem Zügel und auf der Vorhand stützt sich jedes Pferd auf seinem Unterhals ab.

2 Dasselbe Pferd, wenig später. Die Muskulatur arbeitet losgelassen, allein dadurch wirkt diese besser entwickelt als auf dem ersten Foto.

Bitte lassen Sie sich nicht dazu verleiten, ausschließlich anhand der Muskulatur eines Pferdes auf dessen Ausbildung zu schließen. Besonders vorderlastige Pferde, die meist hinten überbaut sind, haben in aller Regel eine sehr ausgeprägte Unterhalsmuskulatur. Dasselbe trifft auf sämtliche Pferde mit Rückenproblemen zu, aus welchen Gründen auch immer diese entstanden sind. Bis zu einem gewissen Grad kann man solche Fehlmuskulaturen durch gute Arbeit ausgleichen. Mit Wundern sollten Sie jedoch nicht rechnen. Nur bedeutet das nicht, dass Sie ein solches Pferd nicht losgelassen und in ehrlicher Anlehnung reiten können. Dies ist auch bei einer suboptimalen Halsung durchaus möglich.

DIE MUNDHÖHLE

Zwischen den Schneide- und Backenzähnen ist ein zahnloser Bereich, wo dem Pferd ein Gebiss eingelegt werden kann. Dieses darf keinesfalls so locker verschnallt werden, dass es gegen die Hengstzähne schlägt. Es darf aber auch die Lefzen nicht hochziehen, sollte also möglichst faltenfrei im Maul liegen. Die Zunge des Pferdes ist sehr dick und breit, sodass für das Gebiss weniger Platz übrig bleibt, als bislang angenommen wurde.

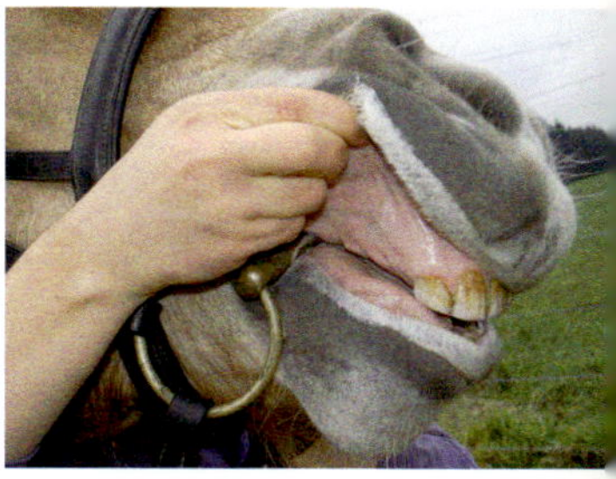

Der zahnlose Bereich zwischen Backen- und Schneidezähnen

Viel zu oft vernachlässigt wird die Pflege der Zähne. Durch die heutige Haltung wird das Pferdegebiss anders abgenutzt als in freier Wildbahn. Folge sind unter anderem teilweise messerscharfe Kanten, die nicht nur das Fressen erschweren, sondern mitunter auch das Tragen eines Gebisses zur Qual werden lassen. Werden Pferde mit einem Gebiss geritten, sollen eventuell vorhandene Wolfszähne gezogen werden. Am schlimmsten sind „versteckte" Wolfszähne, die oft sehr scharf sind und sich unter dem Zahnfleisch verbergen. Falsch oder nicht geschliffene Zähne können u. a. massiven Druck auf die Kiefergelenke ausüben. Nicht selten resultieren aus Zahnproblemen Schwierigkeiten, bei denen eine andere Lokalisation vermutet wird. Selbst Rückenprobleme können ihre Ursache im Pferdegebiss haben. Deshalb sollten die Zähne jährlich von einem seriös ausgebildeten Fachmann kontrolliert und wenn nötig behandelt werden.

Im Übrigen können durch Zahnprobleme auch übermäßiges Schäumen oder häufiges Aufsperren des Maules verursacht werden. Solche Probleme müssen also nicht zwangsläufig mit einer harten Zügelführung zu tun haben. Sperrt Ihr Pferd am hingegebenen Zügel sein Maul auf, dürfen Sie davon ausgehen, dass entweder das Gebiss nicht passt oder etwas im Maul nicht stimmt.

DER HUF ALS FUNDAMENT DER GLIEDMASSEN DES PFERDES

Jeder Huf muss ein tragfähiges und funktionstüchtiges Fundament für das dazugehörige Bein sein. Denn er erfüllt einige wichtige Funktionen für den Organismus.
Ein gesunder Huf dient als Stoßdämpfer, der einen Teil der Bewegungsenergie, die den Sehnenapparat belastet, abfedern soll. Dies als Pendant zum Rücken im oberen Bereich. Eine damit zusammenhängende Aufgabe des Hufes ist das Zurückpumpen des in die Extremitäten geflossenen Blutes in den Körper. Diese Aufgaben kann nur ein Huf übernehmen, der anatomisch korrekt steht und dessen Hufkapsel in ihrer Elastizität nicht eingeschränkt wird. Das bedeutet, dass Pferde mit gesunden Hufen bedingt durch die bessere Blutzirkulation einen deutlich belastbareren Kreislauf haben, insbesondere dann, wenn sie sich den ganzen Tag über bewegen können. Haben Pferde jedoch eine eingezwängte Hufkapsel oder stehen sie den ganzen Tag, so kann es zu Mängeln in der Blutzirkulation kommen, da der „Blutpump-Mechanismus" ungenügend aktiviert wird.
Fehlstellungen und Asymmetrien erschweren ein korrektes Auf- und Abfußen und verursachen nebst Gangfehlern Quetschungen des Hufhorns. Außerdem sind betroffene Pferde einer chronischen Fehlbelastung des Skelettes ausgesetzt, was unter anderem zu Sehnenschäden und Arthrosen führen kann. Über die Gelenke und Muskelverbindungen können falsch bearbeitete Hufe zu Verspannungen im ganzen Körper führen. Wie gravierend die Auswirkungen schon vermeintlich geringfügiger Fehlstellungen sein können, wird nachvollziehbar, wenn man bedenkt, welche enormen Belastungen durch die Hebelwirkungen der zahlreichen Gelenke im Fessel- und Hufbereich

auf dem jeweils den Körper stützenden Bein lasten. Man kann und muss solche Fehlstellungen deshalb korrigieren!
Bei häufigen Erkrankungen Ihres Pferdes im Bereich des Fesselträgers, der Beugesehnen oder des Fesselgelenkes, aber auch bei Rückenproblemen, deren Ursache nicht gefunden werden können, sollten Sie auch an die Hufe denken. Bitte vergessen Sie nicht, dass auch sämtliche Meridiane (Energiebahnen) durch die Hufe laufen, ähnlich wie bei Ihren Füßen (Reflexzonen). Bereits vermeintlich geringfügige Abweichungen vom natürlichen Gleichgewicht können gravierende Folgen für das Wohlbefinden und die Gesundheit Ihres Pferdes haben.

DIE TOUCHIERPUNKTE DES PFERDES

Für die Arbeit mit Ihrem Pferd sollten Sie die wichtigsten Reflexpunkte kennen.
Typische Reflexpunkte, die das Pferd veranlassen, das Hinterbein anzuheben bzw. mehr in Richtung Schwerpunkt zu bringen, ersehen Sie aus untenstehendem Foto:

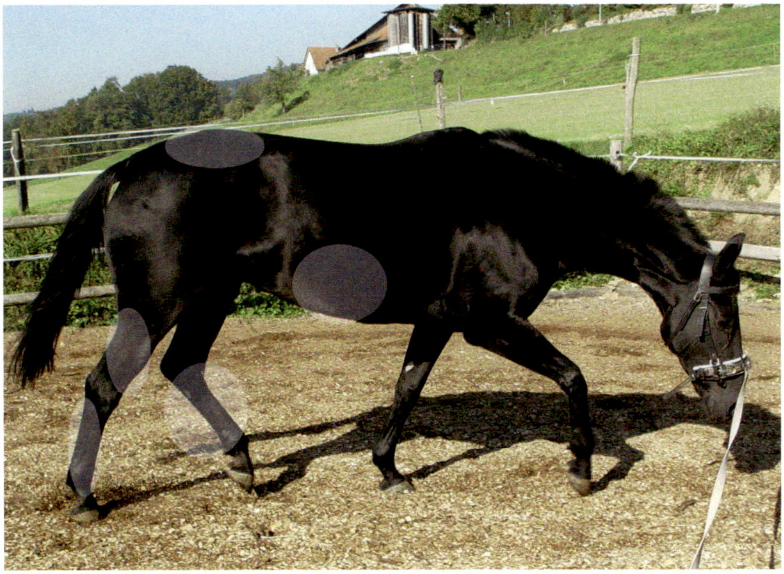

Die Reflexpunkte befinden sich:
- seitlich hinter der Gurtlage
- an der Fessel
- am hinteren Röhrbein unterhalb des Sprunggelenkes (oberflächliche Beugesehne)
- oberhalb des Sprunggelenkes (Achillessehne)
- auf der Kruppe (führt zu vermehrtem Untertreten oder Wippen nach oben)

Beim Reiten spielt in erster Linie der Reflexpunkt hinter dem Gurt (der Punkt, an dem der korrekt anliegende Reiterschenkel liegt) eine Rolle. Der Schenkeldruck an diesem Reflexpunkt regt durch das reflexartige Anspannen der Bauchmuskeln ein Aufwölben des Pferderückens und das Vorziehen des gleichseitigen Hinterbeins an. Bedenken Sie aber, dass Reflexe abstumpfen, wenn sie überreizt werden.

DIE SINNVOLLE AUSRÜSTUNG VON PFERD UND REITER

Ein Pferd kann nur aufmerksam mit seinem Reiter arbeiten, wenn es sich dabei wohl fühlt. Theoretisch scheint das nahezu jedem Reiter klar zu sein. Trotzdem werden dem Pferd in der Praxis manchmal haarsträubende Ausrüstungsgegenstände zugemutet. Sich hier nicht genau zu erkundigen oder zu sparen kann Ihrem Pferd jede Menge Schmerzen einbrocken. Deshalb einige Anhaltspunkte, worauf bei der Ausrüstung des Pferdes zu achten ist.

Der richtige Sattel

Damit sich das Pferd unter seinen Reiter richtig bewegen kann, ihn gut spürt und der Reiter auch noch gut sitzt, muss ein Sattel schon eine Menge wichtiger Kriterien erfüllen. Kaufen Sie deshalb nie einen Sattel, den Sie nicht auf Ihrem Pferd ausprobiert haben. Fühlen Sie sich nicht restlos wohl oder geht Ihr Pferd nicht locker und entspannt, lassen Sie sich nichts aufschwatzen. Ihr Pferd „sagt" Ihnen schon, ob ihm mit dem neuen Sattel wohl ist.

Zum Anpassen wird ein Sattel stets ohne Unterlage aufgelegt. Denn die Sattelunterlage dient lediglich der Schonung des Leders vor Schweiß. Muss der Pferderücken also vor einem Sattel „geschützt" werden, so passt dieser nicht.

Optisch muss ein Sattel folgende Voraussetzungen erfüllen: Er liegt
– mindestens zwei Fingerbreit hinter dem Schulterblatt positioniert
– mit seinen ebenmäßig gepolsterten, genügend breiten Sattelkissen gleichmäßig auf dem Pferderücken auf. Die Kissenform muss der Rückenform des Pferdes entsprechen. Die Kissen von normalen Warmblutsätteln liegen bei Robustpferden oft nur punktuell auf und

drücken so in die Rückenmuskeln. Der Tiefpunkt des Sattels befindet sich etwa zwischen dem vorderen Drittel und der Sattelmitte. Der Sattel lässt sich (unangegurtet) durch normalen Druck nicht nach vorne oder hinten schaukeln. Zu achten ist auf einen für die Wirbelsäule genügend breiten Rückenkanal und ausreichende Schulterfreiheit (Achtung, bei Pferden mit langer, schräger Schulter geht diese viel weiter in die Sattellage hinein, als üblicherweise angenommen

1

2
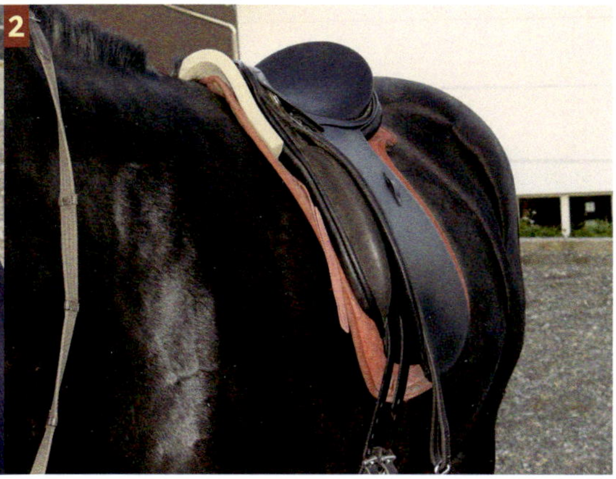

wird). Des Weiteren muss der Sattel dem Widerrist genügend Freiheit bieten, damit er auch bei Verwendung einer Satteldecke niemals scheuert. Denken Sie daran, dass sich Ihr Pferd unter seinem Sattel bewegt. Und wenn sein Rücken richtig schwingt, nicht zu knapp! Nochmals: Ein Sattel, der nur mit dicken Unterlagen oder Gelkissen vernünftig zu liegen kommt, passt nicht und stört die gute Zusammenarbeit zwischen Pferd und Reiter! Vergessen Sie also sämtliche Spezialsattelunterlagen. Sie benötigen einzig eine saugfähige Satteldecke mit genügend Festigkeit, sodass diese auch bei der Arbeit eingekammert bleibt.
Ausnahmen bilden Pferde in der Rekonvaleszenz, bei denen vor dem Reiten kein optimaler Muskelaufbau stattfinden konnte. Hier darf der Sattel vorübergehend mit Schaumstoffunterlagen passend gemacht werden. Z. B. kann auf diese Weise auch ausgeholfen werden, wenn die Muskulatur einseitig verkümmert ist. Korrigiert man die Lage des Sattels nicht, liegt dieser ungleichmäßig auf und die gesamte Muskulatur kann nicht mehr losgelassen arbeiten.

1 Bei diesem rekonvaleszenten Pferd wird der Sattel links unterkammert, damit er gleichmäßig aufliegt.
2 Ein mit Schaumstoffkeilen unterpolsterter Probesattel kann benutzt werden, damit Sie ein Sattelmodell ausprobieren können.

Nach dem optischen Anpassen legen Sie zur Kontrolle der richtigen Lage beim angegurteten Sattel zwei bis drei Finger Ihrer Hand vor den Sattelgurt. Prüfen Sie, ob der Ellbogen des Pferdes in der Bewegung sowie in Wendungen nach innen Ihre Hand nicht quetscht. Dann legen Sie Ihre Hand unter die Sattelpauschen im Schulterbereich. Klemmt das zurückgehende Schulterblatt ihre Hand ein, so wird dieses durch den Sattel in seiner Tätigkeit eingeschränkt.
Ein passender Sattel setzt darüber hinaus den ausbalancierten Reiter korrekt hin. Sie sitzen also tief und gerade im Pferd. Die herunterhängenden Beine sollen in die korrekte Lage fallen, ohne dass Sie diese nach vorne oder hinten drücken müssen. Auch die richtige Sitzgröße muss beachtet werden. Eine zu kleine Sitzfläche macht einen losgelassenen Sitz unmöglich, weshalb Sie unbedingt auf eine genügend große Sitzfläche achten müssen. Besonders in diesem Punkt ist Eitelkeit völlig unangebracht. Denn Sitzen ist Balance, und Balance ist nur bei Bewegungsfreiheit möglich! Auch zu starke Pauschen, welche die Bewegungsmöglichkeiten der Beine einschränken, stören mehr, als dass sie zusätzlichen Halt bieten. Es ist überdies störend, wenn das Sattelblatt für das Bein zu kurz ist und der Stiefel ständig darunter einhakt. Dafür kann ein zu langes Sattelblatt bei kurzem Reiterbein die Hilfengebung beeinträchtigen.
Zu Gebrauchtsätteln ist zu sagen, dass sie nicht immer eine gute Alternative sind. Wurden sie auf einem schiefen Pferd benützt oder von einem Reiter, der sie schief eingesessen hat, so ist so ein Sattel nicht mehr bedenkenlos wiederverwendbar.

Das passende Gebiss

Für ein zufriedenes Pferd, das sich nicht gegen das Gebiss wehren muss, eignen sich ausschließlich Gebisse, die ohne reiterliche Einwirkung im Pferdemaul nicht stören. Sie müssen also von Form, Größe und Beschaffenheit her passen und dürfen keinen Druck auf Zunge oder Gaumen verursachen. Selbstverständlich dürfen Gebisse auch bei reiterlicher Einwirkung niemals Quetschungen der Zunge oder andere Maulverletzungen verursachen. Dass das gewählte Gebiss weder scharfe Kanten noch andere Oberflächenveränderungen aufweisen darf, die das Pferdemaul verletzen könnten, dürfte selbstverständlich sein.

Beachten Sie bei der Wahl eines Gebisses folgende Erkenntnisse der modernen Wissenschaft:

- Das Maul des Pferdes bietet sehr viel weniger Platz für das Gebiss als bislang angenommen. Die früher üblichen 21 mm starken Gebisse drücken unsere modernen Pferde entweder auf Zunge und/oder Gaumen. Den meisten Pferden passt ein 18 mm starkes Gebiss. Einige sehr feinmäulige Pferde haben nur Platz für 16 mm starke Mundstücke. Dünnere Gebisse wirken zu scharf, um mit konstanter Anlehnung zu reiten.
- Bei älteren Pferden wird der Raum, der im Pferdemaul für das Gebiss zur Verfügung steht, durch die Änderung der Zahnstellung knapper. So kann es vorkommen, dass ein älteres Pferd mit dem gewohnten Gebiss plötzlich ohne ersichtlichen Grund maulig wird. Solche Pferde gehen meist mit einem dünneren Gebiss wieder zufrieden.
- Die Zunge des Pferdes ist sehr dick und breit. Dies hat vor allem seine Bedeutung bei Gebissen mit Zungenfreiheit. Ist diese zu schmal, kann die Zunge gequetscht werden.

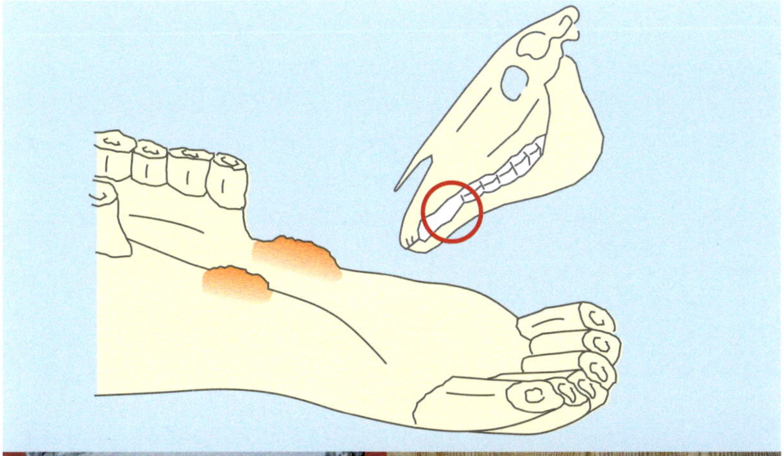

Knochenzubildungen durch Missbrauch von Zügel und Gebiss

1 Anatomisch geformtes, einfach gebrochenes Trensengebiss. So soll der „Nussknackereffekt" vermieden werden.
2 Solche Gebisse sind für die kleinen Mäuler unserer modernen Pferde zu dick.

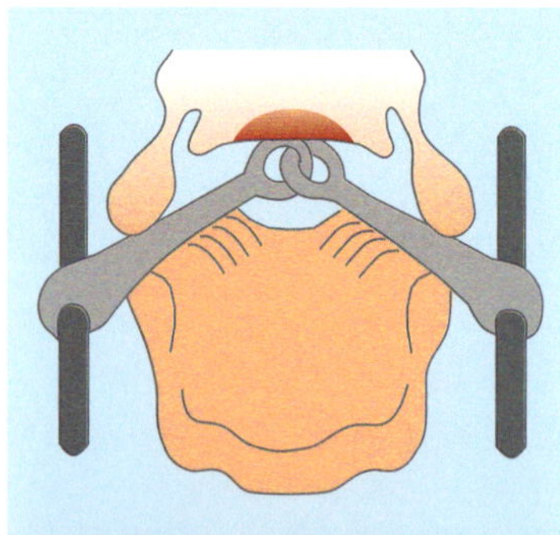

Die Lage der einfach gebrochenen Wassertrense im Pferdemaul. Bei zu breiten Gebissen oder starker Zügeleinwirkung entsteht leicht der „Nussknackereffekt".

So liegt das passende Gebiss im Pferdemaul.

Ein gut passendes Gebiss liegt auch ohne die Fixierung durch ein Nasenband ruhig im Maul. Zum Reiten ist so eine Zäumung jedoch nur für gut ausgebildete Pferde und Reiter mit feiner Hand zu empfehlen.

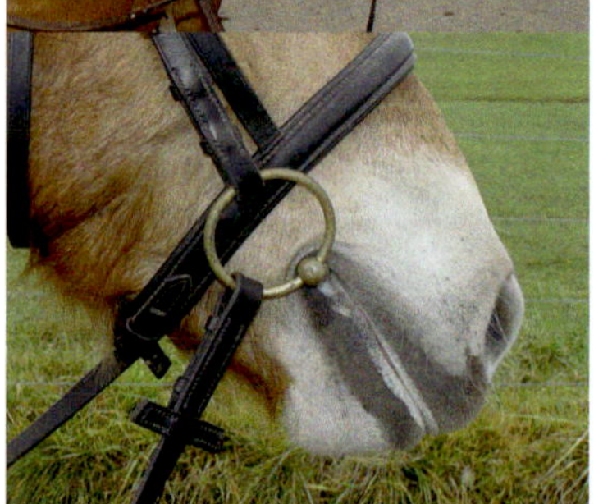

Die hochgezogenen Lefzen führen zu Verspannungen im Maulbereich (achten Sie auf die leicht geöffnete Maulspalte). Wäre das Maul zusätzlich mit einem engen Sperrriemen zugeschnürt, würden sich die Spannungen auf das Kinn übertragen.

Ein Gebiss mit einer breiteren Auflagefläche verteilt den Druck besser, engt dafür den Raum für Zunge und Gaumen ein. Ein dünneres Gebiss liegt angenehmer im Pferdemaul, kann dafür den Druck einer unkoordinierten Handeinwirkung schlechter verteilen. Schalten Sie hier Ihren gesunden Menschenverstand ein. Als Regel kann man sagen, dass ein gut ausgebildetes Pferd mit einem erfahrenen Reiter, der eine weiche Hand hat, ein dünneres Gebiss verträgt als ein Jungpferd, das mangels Erfahrung manchmal deutlichere Zügelhilfen benötigt, oder ein Reiter, der seine Hände schlecht koordinieren kann. Das Gebiss muss immer Pferd und Reiter angepasst sein, wobei Maulgröße, Form des Kiefers, Maulempfindlichkeit, Ausbildungsstand, Durchlässigkeit und natürlich das Können des Reiters berücksichtigt werden müssen. Selbstverständlich sollte sein, dass ein unausbalancierter Reiter erst mal so lange ohne Zügel an der Sitzlonge reitet, bis er das Pferd nicht mehr im Maul malträtiert.

Worauf müssen Sie bei der Anpassung des Gebisses achten?

- Gebissstärke dem Pferdemaul anpassen. Das Maul muss zumindest vollständig geschlossen werden können.

- Das Gebiss darf in der Breite weder die Mundwinkel einklemmen noch deutlich überstehen. Ansonsten entsteht Druck auf die Laden und bei einfach gebrochenen Gebissen der „Nussknackereffekt".
- Das Gebiss wird am Backenstück so eingeschnallt, dass es weder gegen die Hengstzähne schlagen kann (zu locker) noch die Mundwinkel nach oben zieht. Es ist eine Unsitte, Zungenfehler dadurch vermeiden zu wollen, dass man das Gebiss höher einschnallt. Zungenfehler lassen sich nur durch gefühlvolle und korrekte Reitweise vermeiden.

Beachten Sie bei der Wahl des passenden Gebisses bitte auch dessen Wirkung. Die in der Reitlehre verlangte gefühlvolle, stete und elastische Anlehnung erfordert vom Reiter eine schier unglaubliche Koordinationsfähigkeit. Eine Fähigkeit, die der Durchschnittsreiter wohl selten erreichen wird. Verschiedene Tests, bei denen die durchschnittliche Krafteinwirkung von erfahrenen Reitern ermittelt wurde, brachten erschreckende Resultate. In allen Gangarten wirkten die Reiter mit Kräften zwischen 2 und 8 kg pro Zügel auf das Gebiss ein. Die Kräfte schwankten vor allem mit den für die jeweilige Gangart typischen Kopfbewegungen des Pferdes. Das bedeutet, dass die meisten Reiter nicht einfach am Pferdemaul herumzerrten, sondern nicht in der Lage waren, sich gleichmäßig an die Bewegungen des Pferdemauls heranzufühlen. Messungen bei weniger erfahrenen Reitern ergaben teilweise Resultate mit bis zu 25 kg Krafteinwirkung. Diese Kilozahlen verdeutlichen aber erst die Zugkraft, die von der Hand aufs Gebiss übertragen wird. Sie beinhalten noch keine Kräfte, die von Hebelarmen, Drehmomenten und quergerichteten Kräften verschiedenster Gebisse ausgehen.

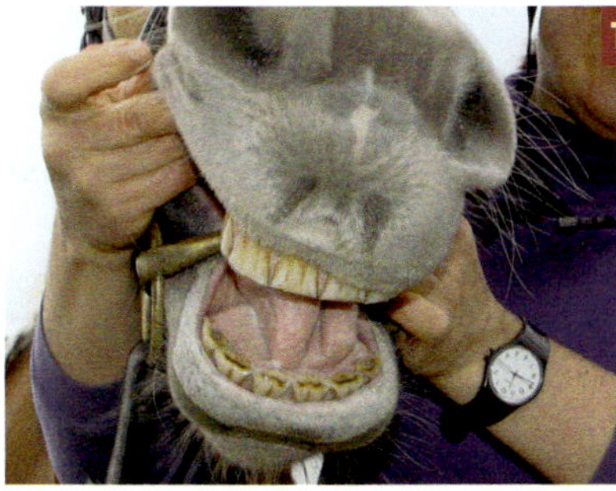
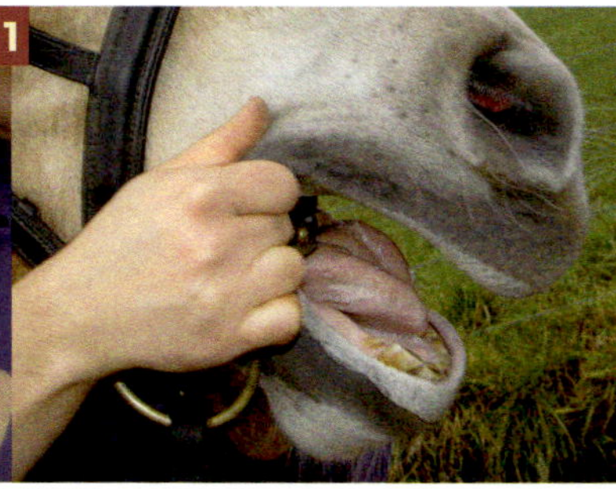

1 Die Zunge des Pferdes füllt praktisch die ganze Maulbreite.
2 Gebisse mit zu schmalen „Zungenfreiheiten" können deshalb Quetschungen verursachen.

Ein Beispiel: Bei der Wassertrense wirkt die Zügelkraft bei tief eingestelltem Kopf mit einem Verstärkungsfaktor von bis zu drei direkt auf die Kinnladen. Das heißt, die aufs Pferd einwirkende Kraft ist dreimal so hoch wie die reine Zugkraft am Zügel. Zu breite Trensen verstärken die Zugkraft sogar auf das Vierfache! Hebelgebisse verstärken diese Zugkraft noch mehr. Bei einer Kandare zum Beispiel, bei der die Unterbäume dreimal so lang sind wie die Oberbäume, ergibt sich ein Verstärkungsfaktor von acht bis zehn. Kandaren mit gebrochenem Mundstück wirken dabei noch schärfer als solche mit Stangengebiss. Autsch!
Auch jeder erfahrene Reiter sollte bedenken, dass es kaum möglich ist, jederzeit vollkommen geschmeidig in jede Bewegung des Pferdes einzutauchen. Wählen Sie daher für Ihr Pferd ein möglichst weiches und passendes Gebiss, sodass Sie sich auch einmal eine unkoordinierte Zügelparade leisten können. Denn der Spruch „Jedes Gebiss ist nur so scharf wie die Hand, die es führt“ kann meines Erachtens seine Gültigkeit nur bedingt behalten.

Weitere Ausrüstungsgegenstände für das Pferd

- *Gamaschen und Bandagen:* Diese schützen das Pferdebein längst nicht so gut, wie dies oft angepriesen wird. Um Schaden vorzubeugen, ist pferdegerechtes Reiten allemal am besten. Bei der Arbeit mit Bodenricks, im Gelände und beim Springen sollte jedoch sicherheitshalber ein passender Beinschutz angelegt werden.
- *Sattelunterlagen:* Verabschieden Sie sich von Spezialunterlagen (es sei denn, Ihr Pferd hat eine Allergie und verträgt Baumwolle nicht). Passt der Sattel einwandfrei, braucht es lediglich einen Schweißschutz für das Leder. Achten Sie darauf, dass Ihre Sattelunterlage sich gut einkammern lässt und auch beim Reiten eingekammert bleibt. Versuchen Sie nicht, einen unpassenden Sattel mit vielen Unterlagen „passender“ zu machen. Sie laufen auch nicht bequemer in unpassenden Schuhen, wenn Sie drei Paar Socken tragen. Besonders Widerristpolster führen oft zu Rückenproblemen. Legen Sie zum Schutz Ihres eigenen Rückens „schockabsorbierende“ Unterlagen unter den Sattel, passt ebenfalls entweder Ihr Sattel nicht zu Ihrem Rücken und Gesäß oder Sie sollten anfangen, Ihr Pferd über den Rücken zu reiten.

Ein korrekt ausgebildetes Pferd benötigt weder Hilfszügel noch eng verschnallte Nasenbänder.

- *Nasenriemen:* Gegen einen nicht zu eng verschnallten Nasenriemen gibt es nichts einzuwenden. Niemals darf das Nasenband aber das Maul zuschnüren oder gar die Atmung behindern. Ihr Pferd muss das Maul leicht öffnen können, um sich im Kiefer nicht zu verspannen und falsche Zügeleinwirkung quittieren zu können. Reiten Sie gut ausgebildete Pferde zur Kontrolle auch gelegentlich ohne Nasenband.
  Englische Nasenriemen sind für junge Pferde, die noch zahnen, ungünstig, da das Nasenband auf Höhe der Backenzähne liegt und dort drücken kann, insbesondere, wenn es dick gepolstert ist. Nasenbänder allgemein und Sperrriemen im Besonderen sind so locker zu verschnallen, dass das Pferd bei Unbehagen das Maul öffnen und einwandfrei atmen kann. Zugeschnürte Pferdemäuler führen zu Verspannungen vom Kinn bis zum Genick und von diesem bis in den Rücken hinein.
- Hilfszügel sind in der Regel abzulehnen, da sie Symptome kaschieren, aber deren Ursachen nicht beseitigen.
  Auch beim Longieren ziehe ich die gymnastizierende Arbeit am Kappzaum dem Einsatz von Trense und Hilfszügeln entschieden vor.

Reiten Sie ruhig auch einmal ohne Reitstiefel und Sporen – das schult Ihre Balance und gibt Aufschluss darüber, ob Ihr Pferd wirklich korrekt und fein an den Hilfen steht.

Sinnvolle Ausrüstung für den Reiter

- *Sturzhelm:* Sollte aus Sicherheitsgründen vor allem von unerfahrenen Reitern und auf jungen oder unzuverlässigen Pferden getragen werden. Selbstverständlich sollte der Sturzhelm beim Springen und im Gelände getragen werden. Ein Sturzhelm macht nur Sinn, wenn er passt und richtig angelegt wird. Er darf sich im Falle eines Sturzes nicht schon im Flug vom Kopf lösen.
- *Reithose:* Sie können natürlich jede Hose zum Reiten tragen. Bequemer ist aber eine Hose aus rutschfestem Material, die nirgends scheuert (keine Innennähte). Zum Schulen einer besseren Balance ist der Einsatz von Hosen ohne Ganzbesatz sinnvoll, da dieser Balanceprobleme etwas kaschieren kann.
- *Reitstiefel:* Aus Sicherheitsgründen sollten Sie zumindest beim Springen Stiefel tragen. Zur Schulung einer verbesserten Balance können Sie auf zuverlässigen Pferden jedoch auch gelegentlich ohne Stiefel reiten. Ein Reitstiefel gibt Ihrem Bein viel Stabilität. Daher hilft das gelegentliche Reiten ohne Stiefel, Ihre Balance zu verbessern. Benützen Sie aber immer festes Schuhwerk, mit dem Sie bei einem Sturz nicht im Steigbügel hängen bleiben.
- *Handschuhe:* Benötigen Sie diese, um Ihre Finger nicht wund zu scheuern, sollten Sie sich Gedanken um Ihre Handeinwirkung (und das geschundene Maul Ihres Pferdes) machen. Um die Zügel bei Regen oder wenn Sie schwitzen immer sicher halten zu können, sind Handschuhe jedoch sehr sinnvoll. Im Übrigen schützen Sie Handschuhe beim Führen und Longieren von ungezogenen, heftigen Pferden vor Brandblasen.
- *Gerte:* Sollten Sie besonders bei wenig sensiblen Pferden verwenden, um ihrem Schenkel Nachdruck verleihen zu können, ohne das Pferd durch dauernden Druck abzustumpfen.
- *Sporen:* Dürfen nur bei ausbalancierten Reitern zum Einsatz kommen und keinesfalls im Takt der Bewegung an den Pferdeleib wippen. Leider passiert dies oft unbemerkt und stumpft das Pferd ab. Reiten Sie deshalb regelmäßig ohne Sporen. Ein korrekt gerittenes Pferd geht auch ohne Sporen einwandfrei.

NATURBEDINGTE SCHWIERIGKEITEN

▸ 50 Natürliche Schiefe und Vorderlastigkeit

NATÜRLICHE SCHIEFE UND VORDERLASTIGKEIT

Das junge Pferd hat von Natur aus mit einigen Schwierigkeiten zu kämpfen. So ist es zum Zeitpunkt des Anreitens nicht ausgewachsen; Pferde wachsen bis etwa siebenjährig. Da Pferde schubweise vorne oder hinten wachsen, ist das junge Pferd in diesem Alter meistens hinten überbaut. Dies ist ungünstig, da die übermäßig hohe Kruppe seine ohnehin vorhandene Vorderlastigkeit verstärkt. Dies erschwert ihm zusätzlich, seine schiebende Hinterhand zu kontrollieren und unter seinen Schwerpunkt zu bringen. Bei Pferden einiger Rassen wachsen die überbauten Kruppen gar nie vollständig aus. Dies erfordert zusätzliche Aufmerksamkeit bei der Ausbildung.
Lassen Sie ein junges Pferd einfach so laufen, wie es sich mit Ihrem gemeinsamen Gewicht arrangiert, schiebt es sich unkontrolliert an seinem Schwerpunkt vorbei auf seine Vorhand und in seine Schiefe hinein. Dies gilt natürlich für alle Pferde, denen eine ungenügende Ausbildung zuteil wurde, sowie für Pferde, die ein ungünstiges Exterieur haben.
Die zentralen Probleme des jungen, ungeschulten oft aber auch des rekonvaleszenten Pferdes sind also seine Vorderlastigkeit und die natürliche Schiefe. Letztere ist jedem Pferd angeboren. Sie prägt sich allerdings – wie bei uns Menschen – erst während der ersten Lebensjahre deutlich aus.

Doch was genau bedeutet Vorderlastigkeit, was ist die Schiefe und wie hängt alles zusammen?

Die Vorderlastigkeit ergibt sich aus dem Körperbau des Pferdes. Für sich alleine gesehen könnte man denken, dass Vorhand und Hinterhand des Pferdes mehr oder weniger gleich schwer sind.
Da aber die Vorhand ein Anhängsel nach vorne in Form von Kopf und Hals hat, überwiegt das Gewicht der vorderen Körperhälfte. Ist das Pferd zusätzlich hinten überbaut und schwungvoll veranlagt, neigt es dazu, mit seiner Schubkraft sein Körpergewicht unkontrolliert an seinem Schwerpunkt vorbei auf seine Vorhand zu schieben. Kommt das relativ weit vorne positionierte Reitergewicht hinzu, ist das Ungleichgewicht perfekt.

Die natürliche Schiefe hängt mit diesem Problem zusammen. Von Natur aus ist kaum ein Pferd auf beiden Seiten (Händen) gleich geschmeidig und geschickt. Wie bei uns Menschen, gibt es bei den Pferden Links- und Rechtshänder. Während sich der Rechtshänder gerne auf seine rechte Hand verlässt, ist es beim Linkshänder umgekehrt. Genauso verhält es sich beim Pferd. Das rechtshändige Pferd verlässt sich in Stresssituationen auf seine rechte Schulter. Es stützt sich also gerne auf dieser Schulter ab, weil sie ihm sicheren Halt bietet. Das Gegenteil ist natürlich beim linkshändigen Pferd der Fall. Man geht davon aus, dass ca. 70 bis 80 % aller Pferde Rechtshänder sind.

Wie hängen nun diese beiden Probleme zusammen?

Der Motor der Fortbewegung des Pferdes ist seine Hinterhand. Sie bewegt die Masse Pferd mehr oder weniger schwungvoll nach vorne. In den letzten Jahrzehnten wurden Pferde gezüchtet, die von Natur aus immer mehr Schubkraft mitbringen. Dabei ist die Abschubkraft beider Hinterbeine von Natur aus verschieden stark entwickelt. Sie schieben das Pferd entsprechend ungleichmäßig in seine Bewegungsrichtung, also mehr oder weniger stark auf eine seiner Schultern. Dies ist je nach Händigkeit dann die linke oder rechte Schulter. Damit schiebt die Hinterhand des Pferdes dessen Gewicht unkon-

1 Bei diesem vorderlastigen Pferd muss man gut aufpassen, dass es nicht wie hier auf die Vorhand gerät und sich auf der Hand abstützt.
2 Das schiefe Pferd bricht über die rechte Schulter aus der Wendung aus. Seine Bewegungsrichtung wird dadurch fast unkontrollierbar.

trolliert am Schwerpunkt vorbei auf seine Vorhand und in seine Schiefe hinein, wenn es nicht lernt, seine Schubkraft zu kontrollieren und unter seinen Schwerpunkt zu treten.

Diese ungleich verteilte Krafteinwirkung auf Muskeln und Skelett des Pferdekörpers hat unangenehme Folgen. Von Muskelverspannungen über die Schädigung von Sehnen und Bändern bis hin zu Abnutzungserscheinungen an Wirbeln findet man eine umfangreiche Palette an gesundheitlichen Beeinträchtigungen, die durch diese einseitige Belastung entstehen können. Wie stark und konstant diese Einwirkungen sind, zeigt auch die Tatsache, dass man die Händigkeit oft sogar der Hufform bzw. den Gliedmaßen eines Pferdes ansieht. Um am eigenen Leib zu erspüren, welche Auswirkungen die Schiefe hat, können Sie den Selbstversuch wagen und sich über einige Zeit bewusst schief bewegen beziehungsweise einseitig belasten.

Nebst den gesundheitlichen Auswirkungen bringen Vorderlastigkeit und Schiefe aber auch Probleme bei der Arbeit mit dem Pferd mit sich. Stützt sich ein Pferd stark auf einer Schulter ab, kann es sichtbare Taktfehler entwickeln. Oder es muss sich zum Antraben hochwerfen, um überhaupt das entsprechende Vorderbein nach vorne zu bringen. Wird das Problem nicht konsequent angegangen, kann so ein Pferd dauerhaft seinen Rücken blockieren, wodurch der natürliche Gang mit der Zeit zerstört wird.

1 Das schiefe Pferd kann die Wendung nur bewältigen, indem es am Zügel herumgezogen wird. Dabei fällt es über die Schulter aus und gerät auf die Vorhand.

2 Auf stark schiefen Pferden muss der Reiter gut aufpassen, dass er sich nicht wie hier selbst in die Schiefe hineinziehen lässt. So wird zusätzlich die Wirbelsäule des Reiters belastet.

Sehr schiefen Pferden fällt es oft schon schwer, sich auf geraden Linien ohne zu schwanken geradeaus zu bewegen. In Wendungen bewegen sie sich dann im völligen Ungleichgewicht. Entsprechend fallen ihnen gewisse Lektionen auf einer Hand viel schwerer als auf der anderen. Korrekt können sie diese jedoch auf beiden Händen nicht ausführen, da sich die Schiefe immer auf beiden Händen bemerkbar macht. Meist ist die Schiefe nicht nur für den Reiter spürbar, sondern auch für den Betrachter sichtbar. Indizien sind das Ausweichen der Hinterhand von der gewünschten Spur, mangelnde Bereitschaft zur Längsbiegung, Verwerfen im Genick, Beckenschiefstände, wiederkehrende Blockaden in Rücken, Hals oder Schulter usw. Andauernd auf der Vorhand gehende Pferde erkennt man oft daran, dass die Aktion der Schulter und damit der Vorderbeine eingeschränkt ist. Manchmal treten solche Pferde mit klammen, kurzen Tritten nach vorne. Dabei fallen dem aufmerksamen Betrachter auch Taktfehler auf. Dann ist der Rücken bereits massiv blockiert und das Problem kann nur über konsequente Biegearbeit wieder in den Griff bekommen werden. Pferde mit kurzen, stampfenden Tritten aus der Vorhand laufen darüber hinaus Gefahr, ihre Vordergliedmaßen nachhaltig zu schädigen. Solche Ganganomalien dürfen deshalb keinesfalls auf die leichte Schulter genommen und schon gar nicht mit mangelndem Gangvermögen verwechselt werden.
Vor diesem Hintergrund erscheint es seltsam, dass die Geraderichtung auf der Ausbildungsskala, der „Ausbildungsbibel“ schlechthin, erst an fünfter Stelle steht. Dies liegt daran, dass man zum effizienten Korrigieren der natürlichen Schiefe vom Sattel aus einige funktionierende „Werkzeuge“ braucht. So benötigt man zum Geraderichten unter dem Sattel die ehrliche Anlehnung (= Kontrolle der Durchlässigkeit) sowie den Schub (= Kontrolle der Hinterhand). Und diese beiden Werkzeuge kann man erst beherrschen, wenn das Pferd losgelassen an den treibenden Hilfen steht. Es ist also kein blanker Unsinn, dass die so unendlich wichtige Geraderichtung bei der Reitausbildung erst fast zum Ende so richtig ernsthaft in Angriff genommen wird. An dieser Stelle muss jedoch betont werden, dass auch bei Beachtung der Ausbildungsskala am Anfang nicht vollständig auf jede Geraderichtung verzichtet wird. Bloß fällt diese zu Beginn eher rudimentär aus.

SITZ UND EINWIRKUNG

- 55 Reiterliche Ausbildungsschritte
- 56 Der korrekte Sitz
- 62 Woran erkennen Sie Sitzfehler? Wie beheben Sie diese?
- 68 Die richtige Einwirkung
- 76 Das Zusammenspiel der Hilfen: Die Parade

REITERLICHE AUSBILDUNGSSCHRITTE

Für den Ausbildungsweg des Reiters gibt es keine allgemeingültigen und anerkannten Regeln analog der Ausbildungsskala für das Pferd. Dennoch sind die Grundsätze ähnlich. Das erste Hauptziel der reiterlichen Ausbildung ist ein ***losgelassener und ausbalancierter Sitz***, aus dem dann nach und nach die Einwirkung entwickelt wird. Sobald die ***treibenden Hilfen*** vom Pferd gut angenommen werden, wird eine ***einfühlsame Handeinwirkung*** entwickelt. In diesem Ausbildungsstadium des Reiters geht das korrekt ausgebildete Pferd noch relativ „lang" und auf der Vorhand, da die reiterliche Einwirkung noch recht passiv ist. Um das Pferd besser formen zu können, also aktiv auf seine Rückentätigkeit und Hinterhand einzuwirken, erlernt der Reiter einen ***„geschlossenen" Sitz***. Dabei werden die Gewichts- und Schenkelhilfen so weit verfeinert, dass das Pferd beginnt, „am Sitz" zu gehen. Das bedeutet, dass das Pferd in erster Linie auf Gewichts- und Schenkelhilfen reagiert und immer weniger Zügelhilfen benötigt. Die Hilfengebung wird insgesamt effizienter, aber auch feiner und für den Betrachter unsichtbarer. Wesentlich ist, dass der Reiter genau wie sein Pferd seine Losgelassenheit auf jeder Ausbildungsstufe erhalten kann.

Diese Einteilung in Ausbildungsschritte macht deshalb Sinn, weil das Pferd stets von hinten nach vorne geritten werden muss. Würde der Reiter also zuerst seine Handeinwirkung trainieren, so hätte er erstens keine Chance auf Erfolg, weil ihm die nötige Balance fehlte. Zweitens würde er – ohne vorher die treibenden Hilfen erfolgreich entwickelt zu haben – mit der Hand ständig rückwärts arbeiten.

Im Idealfall ist die reiterliche Einwirkung praktisch unsichtbar für den Betrachter, aber spürbar für das Pferd. Diese Harmonie in der Verständigung zwischen Pferd und Reiter erfordert vom Reiter ein Höchstmaß an Körperkoordination und reiterlichem Gefühl. Einwirkung zu erklären ist sehr schwierig. Viele Bewegungsabläufe laufen gleichzeitig und weitgehend automatisch ab. Die korrekte Einwirkung muss von jedem Reiter selbst erspürt und ständig verbessert werden. Als Gradmesser für die Korrektheit dieser Einwirkung darf man die prompte und willige Reaktion des Pferdes werten.

Feines Reiten bedeutet keineswegs, passiv auf dem Pferd zu sitzen. Vielmehr bedeutet fein zu reiten, dass der Reiter seine Hilfen so weit verfeinert hat, dass seine formende und gymnastizierende Einwirkung auf das Pferd für den Betrachter nahezu unsichtbar und für das Pferd gefühlvoll, klar und verständlich ist.

Eine gefühlvolle Einwirkung kann nur aus einem ausbalancierten Sitz erfolgen. Beim korrekten Sitz eines Reiters spielen verschiedene anatomische Eigenheiten eine Rolle. Kein Reiter sitzt fehlerlos auf dem Pferd. Niemand ist in jedem Körperteil gleich beweglich und gefühlvoll. Sicherlich ist nicht jeder Reiter körperlich und psychisch in der Lage, ein Spitzenreiter zu werden. Trotzdem kann man Sitzprobleme zumindest so weit beheben, dass eine effiziente Einwirkung möglich wird, die beim Pferd ankommt und von ihm verstanden wird. Zu diesem Thema gibt es einige hervorragende Bücher, deren Lektüre ich jedem empfehle, der gröbere Sitzfehler erkannt hat und sie beheben möchte (Buchempfehlungen siehe Serviceteil S. 175f.). Auch die regelmäßige Kontrolle und Korrektur durch einen kompetenten Ausbilder sowie die Arbeit an der Sitzlonge möchte ich jedem Reiter ans Herz legen. Denn manche Sitz- und Einwirkungsfehler stören selbst das kooperativste Pferd derart, dass es nicht losgelassen gehen kann. Ist es Ihnen nicht möglich, qualifizierten Reitunterricht zu nehmen, so empfehle ich Ihnen zumindest, regelmäßig Ihre Trainingsstunden auf Video aufzuzeichnen und selbstkritisch an den Sitzfehlern zu arbeiten.

DER KORREKTE SITZ

Nur aus einem losgelassenen Sitz können jederzeit gefühlvolle Hilfen gegeben werden.

Zum korrekten Dressursitz gehören folgende Merkmale:

- Stabiler, ausbalancierter Dreipunktsitz, gekennzeichnet durch die locker aus den Hüften am Pferdeleib herunterhängenden Beine und die Linien: Schulter – Hüftgelenk – Absatz sowie Ellbogen – Handgelenk – Pferdemaul
- Das geschmeidige Mitschwingen in der Mittelpositur
- Balance / Losgelassenheit / passender Körpertonus

Balance ist eine dynamische Aktivität. Sie ist beweglich und muss immer wieder von neuem hergestellt werden. Man kann sie als das Minimum an Bewegung und Spannung bezeichnen, die es braucht, um im Gleichgewicht zu bleiben. Um geschmeidig und ausbalanciert zu sitzen, finden ständig fein zu koordinierende Gleichge-

Drehsitz in einer Wendung

wichtsreaktionen statt. Je feiner diese koordiniert werden, desto mehr verschmilzt das Gesäß des Reiters mit dem Pferderücken. Um ausbalanciert sitzen zu können, benötigen Sie zunächst eine ***stabile Sitzbasis.*** Dazu verteilen Sie Ihr Gewicht beim geradeaus Reiten gleichmäßig auf Ihre ***beiden Gesäßknochen*** sowie den unteren ***Schambeinast.*** Über dieser dreipunktgestützten Sitzbasis können Sie lernen, alle Bewegungen Ihres Pferdes sicher auszubalancieren.

1 Drehsitz im Schulterherein
2 Der Balanceverlust ist daran zu erkennen, dass die Reiterin schief im Sattel sitzt. Gleichzeitig verwirft sich das Pferd im Genick.

In Wendungen wird der sogenannte ***Drehsitz*** verwendet. Das bedeutet, dass der jeweils innere Gesäßknochen vermehrt belastet wird. Dazu wird die innere Hüfte leicht nach vorwärts-abwärts geschoben und der innere Bügel ausgetreten, ohne in der Hüfte oder Taille einzuknicken. Die äußere Schulter wird parallel zur Schulter des Pferdes mitgedreht. Da das Pferd bei korrekter Biegung die innere Hüfte nach vorne-innen nimmt, sind nun Hüften und Schultern des Pferd-Reiter-Paares parallel zueinander gestellt.
Besonders Kindern fällt es meistens leicht, sich in den Bewegungsablauf eines gesunden Pferderückens „einzuschwingen“. Uns Erwachsenen hilft folgender Hinweis:
Reiten ist vom Bewegungsablauf her dem Gehen auf zwei Beinen sehr ähnlich. Wenn das Pferd sein Hinterbein nach vorne unter seinen Schwerpunkt führt, zieht sich von hinten her sein Langer Rückenmuskel zusammen. Sie spüren dies daran, dass sich ihr Gesäßknochen auf dieser Seite absenkt. Das Pferd nimmt ihn, sofern Sie locker sitzen, etwas mit nach vorne in seine Bewegung hinein. Tritt es anschließend mit dem anderen Hinterbein vor, geschieht dasselbe mit Ihrem anderen Gesäßknochen. In Wendungen, aber auch im Galopp legt der jeweils innere Gesäßknochen den etwas kürzeren Weg zurück. Ansonsten bleibt sich diese Bewegung im Prinzip in allen Gangarten gleich. Lernen Sie deshalb als Erstes, sich vom Pferd „transportieren“ zu lassen und erspüren Sie diesen Bewegungsablauf. Wenn Sie ihn völlig entspannt zulassen, kippt Ihr Becken automatisch richtig ab. Hüten Sie sich aber vor aktiven, schiebenden

1 Locker und „lässig“, das Pferd bewegt sich leichtfüßig vorwärts.
2 Der schiebende Oberkörper blockiert den Rücken des Pferdes. Es verkriecht sich hinter dem Zügel und fällt auf die Vorhand.

Bewegungen mit dem Becken oder Oberkörper. Diese schaden nicht nur Ihrem Rücken, sondern stören auch den Bewegungsablauf des Pferdes.
Vor allem in den schnelleren Gangarten ist die Bewegung des Pferderückens, die Sie ausbalancieren müssen, natürlich komplexer als die reine Gehbewegung des Zweibeiners. Denn das Pferd hat ja nicht nur Hinterbeine, die es bewegen muss. Aus den Kapiteln zur Funktion des Rückens und der Rückentätigkeit wissen Sie, dass der gesunde Pferderücken jede Menge Bewegungen macht, die vom Reiter ein Höchstmaß an Losgelassenheit und Beweglichkeit erfordern. Und hier liegen die meisten Probleme beim korrekten Sitz.
Viele Reiter sitzen den ganzen Tag in Büros und büßen so einiges an Beweglichkeit, aber auch an Einfühlungsvermögen ein. Wie bei Pferden, die durch Bewegungsmangel körperliche Beschwerden bekommen, leiden auch viele Menschen an Rücken- und Gelenkproblemen. Haben Sie starke Beschwerden, gönnen auch Sie sich regelmäßig Entspannung und Therapien, die Ihre Mobilität verbessern. Diese werden für Ihr ganzes Wohlbefinden Wunder wirken. Bei leichten Steifheiten helfen Aufwärmübungen oder ein kurzes Einturnen vor dem Reiten. Manchmal reicht es auch, vor dem Aufsitzen einfach eine Weile neben dem Pferd herzugehen und vielleicht noch ein Stück im Trab mitzujoggen (vor allem im Winter sehr empfehlenswert!).
Das zweite verbreitete Problem ist ein Mangel an Losgelassenheit. Losgelassenheit bedeutet, dass der Reiter im Gleichgewicht mit dem Pferd mitschwingt, ohne sich festhalten bzw. festklammern zu müssen. Das bedeutet auch, dass der Reiter jeweils den zur Situation passenden Körpertonus findet. Um sich loslassen zu können, muss er beweglich sein. Vor allem im Bereich Hüften – Becken – Lendenwirbelsäule muss er die vielfältigen Bewegungen zulassen, die nötig sind, um den Pferderücken nicht zu stören, seine eigene Wirbelsäule zu schonen und sein Gleichgewicht zu finden. Da sich das Pferd unter seinem Reiter bewegt, ist es nur logisch, dass sich auch der Reiter bewegt. Er muss also seine Balance auf dem Pferderücken finden. Dazu muss er seine Mittelpositur so weit loslassen können, dass diese sich dem Schwingen des Pferderückens anpassen kann. Nur so kann er „in der Bewegung mitgehen“ und diese Bewegung aus-

Der Weg zu wirklicher Losgelassenheit führt nur über völliges Loslassen. Die Form wird also erst mal unruhig, bevor sie dann ausbalanciert und optisch gesehen ruhig werden kann.

Das Bein muss locker aus der Hüfte hinunterhängen.

Nehmen Sie die Füße aus den Bügeln, nehmen Sie bei schlechter Schenkellage das Bein etwas vom Pferdeleib weg und drehen Sie es aus der Hüfte heraus aus.

Wenn Sie anschließend die Bügel wieder aufnehmen, kann es sein, dass Sie diese ein Loch länger schnallen müssen, um sich wieder wohlzufühlen.

balancieren. Das Ergebnis einer sehr gut mitschwingenden Mittelpositur wirkt dann optisch so, als würde sich der Reiter nicht selbst bewegen, sondern mit der Bewegung des Pferdes zu einer Einheit verschmelzen. Eine solche Geschmeidigkeit ist aber leider längst nicht für jeden Menschen erreichbar.

Losgelassen auf dem Pferd zu sitzen bedeutet indes nicht, schlaff wie ein Kartoffelsack auf dem Pferd zu hängen. Losgelassenheit bedeutet, den Körpertonus jederzeit den notwendigen Gegebenheiten anpassen zu können. Denn Losgelassenheit ist eigentlich nichts anderes als die Muskelspannung, die für eine bestimmte Arbeit gebraucht wird. Diese Muskelkraft ist so zu dosieren, dass der Muskel unter optimalen Bedingungen arbeitet. Ein zu schlaffer Muskel hat keine Kraft, ein Muskel mit zu hoher Spannung verspannt sich und wird fest (und damit unbeweglich!). Der Muskeltonus hängt auch wesentlich vom Pferd und der beabsichtigten Arbeit ab. Beim lockeren Vorwärts-Abwärts-Reiten im Leichttraben wird ein tieferer Körpertonus benötigt als wenn die Hinterhand des Pferdes vermehrt unter den Schwerpunkt gearbeitet wird. In hoher Versammlung ist auch der Körpertonus des Reiters „versammelt“, niemals aber verspannt!

Jeder Reiter hat ***Stärken und Schwächen***. Sollten Sie zu den weniger beneidenswerten Menschen gehören, die an Einschränkungen in der Beweglichkeit gewisser Körperteile oder an chronischen Beschwerden leiden, ist dies kein Grund, gleich den Reitsport an den Nagel zu hängen. Sie können trotzdem einiges dafür tun, damit Ihr Pferd sich unter Ihnen wohlfühlt. Als einfühlsamer Reiter werden Sie auch spüren, wenn Sie sich Ihrem Pferd einmal besser nicht zumuten sollten. Entscheidend ist, dass Sie Ihre Schwächen kennen und daran arbeiten, diese so weit möglich zu beseitigen. Ihr Pferd wird das zu schätzen wissen. Natürlich ist es hilfreich, wenn Pferd und Reiter auch gesundheitlich gut zusammenpassen. Zu einem schwachen oder gesundheitlich gehandicapten Reiter passt am besten ein leichtrittiges, durchgymnastiziertes Pferd, das locker über den Rücken schwingt und kräftig genug ist, auch eine weniger geschmeidige Mittelpositur auszugleichen. Wenn diese Voraussetzungen auch nicht gegeben sind, sollten Sie Ihrem Pferd zumindest regelmäßig ausgleichende, gymnastizierende Arbeitsalternativen bieten, z. B. gymnastizierende Longenarbeit.

Versuchen Sie Ihre Schwächen gezielt anzugehen. Leiden Sie an motorischen Störungen, so nutzen Sie jede sich im Alltag bietende Gelegenheit, Ihre Körperkoordination zu trainieren. Haben Sie Haltungsschwächen, so achten Sie auch bei der Arbeit und in der Freizeit auf eine gute Haltung. Haben Sie häufig Muskelverspannungen, so versuchen Sie sich möglichst oft zu entspannen und trainieren Sie

Balance ist eine bewegliche, immer wieder von neuem herzustellende dynamische Aktivität. Man kann sie als „Minimum an Bewegung und Spannung, die es braucht, um im Gleichgewicht zu bleiben" bezeichnen.
Losgelassenheit ist die Körperspannung, die es braucht, um optimal im Gleichgewicht zu bleiben und auf das Pferd einzuwirken.

1 Wenig Körperspannung beim lockeren Abtraben.
2 Losgelassener, ausbalancierter Sitz.

1 Stark klemmender Oberschenkel, dadurch hochgezogene Knie und Absätze.
2 Die zu hohe Körperspannung führt zu Spannungen beim Pferd.

entspannende Atemtechniken. Sind Sie sehr einseitig, z. B. stark rechtshändig, so trainieren Sie auch regelmäßig Ihre andere Seite. Analog zu diesen Ratschlägen können Sie jede Ihrer Schwächen gezielt bearbeiten. Dies wird auch im Alltag Ihre Lebensqualität stark verbessern.

WORAN ERKENNEN SIE SITZFEHLER? WIE BEHEBEN SIE DIESE?

Der Sitz kann an vielen Stellen fehlerhaft sein. Jeder Fehler zieht weitere Fehler an anderen Körperteilen nach sich und stört das Pferd in seiner Rückentätigkeit und Bewegung.
Häufig erkennen Sie einen unausbalancierten Sitz daran, dass der Reiter sich festhält bzw. nicht geschmeidig in der Bewegung mitgehen kann. Er sitzt vor oder hinter der Bewegung, wird aus dem Sattel geworfen, hat Vor- oder Rücklage, lässt den Kopf hängen oder zieht ihn verkrampft zurück, die Schultern sind auf ungleicher Höhe, vor- oder zurückgezogen etc. Diese Fehler können aufgrund einer unpassenden Körperspannung entstehen. Sie können aber auch einseitige Mobilitätseinschränkungen, Gelenkblockaden, Muskelverkürzungen usw. widerspiegeln. Gemeinsam ist ihnen ein Balanceverlust, der kompensiert wird.

Ein Festhalten mit den Beinen erkennen Sie am hochgezogenen Knie oder Absatz, am Verlieren der Bügel, oder an der verkrampften Muskulatur des Oberschenkels, der „klemmt“. Während ein hochgezogener Absatz auch durch starkes Treiben entstehen kann, sind alles andere Zeichen für Verspannungen im Körper des Reiters. Probieren Sie solche Sitzfehler und deren Auswirkung auf das Gangverhalten und die Rückentätigkeit Ihres Pferdes aus. Vor allem dann, wenn Sie nicht sicher sind, ob Sie wirklich vollkommen losgelassen sitzen. Sie können dadurch Ihr Körpergefühl sehr schön schulen!

Korrekter Sitz, wobei die Schulterpartie nicht ganz locker ist.

Häufige Sitzfehler und Tipps zur Korrektur

- Rutschen im Sattel, unkoordinierte Bewegungen, Festklammern, Vor- oder Hinter-die-Bewegung-Kommen etc.: Allgemeine Gleichgewichts- und Balanceprobleme. Stellen Sie eine solide Sitzbasis her. Achten Sie auf die Losgelassenheit Ihrer Mittelpositur. Beachten Sie, dass ein ausbalancierter Sitz erst zustande kommen kann, wenn Sie sich loslassen. Dies führt anfangs zu einem unruhigen Sitz. Sie müssen ja erst lernen, Ihre Gleichgewichtsreaktionen so gut zu koordinieren, dass Sie ruhig sitzen können. Hüten Sie sich daher in dieser Ausbildungsphase vor erneuten Verspannungen, die durch sinnlose Anweisungen wie „bleiben Sie ruhig sitzen“ entstehen.
- Klemmen mit dem Oberschenkel oder Knie, übertriebene Körperspannung, Reiten mit Hohlkreuz, Feststellen in den Hüften etc: Solche Verspannungen lösen Sie, indem Sie aus den Steigbügeln gehen und Ihre Beine ganz entspannt aus den Hüften hängen lassen.

Hier wird eine Halswirbelblockade kompensiert. Der Kopf wird nach hinten gereckt, dadurch fehlt das Gefühl für die richtige Körperhaltung. Der Oberkörper ist etwas nach vorne gefallen. Um das Gleichgewicht zu halten, werden die Knie hochgezogen.

Hochgezogene Knie und Absätze

Spielen Sie nun mit Anspannung (Hochziehen der Beine) und Entspannung (lockeres Hängenlassen). Entwickeln Sie ein Gefühl dafür, wann Sie verspannt und wann Sie entspannt sind. Achten Sie auch im Alltag auf Ihren Muskeltonus. Und setzen Sie Ihre Atmung bewusst ein, um sich zu entspannen.

- Zusammensacken, Rundrücken, schlaffer Sitz, verlieren der sicheren Balance, mangelnde Körperspannung: Arbeiten Sie an Ihrer Oberkörperspannung, ohne sich dabei zu verspannen. Testen Sie sich langsam an den optimalen Muskeltonus heran.
- Stuhlsitz: Überprüfen Sie die Bügellänge und die korrekte Lage des Sattels auf dem Pferderücken. Zu kurze Bügel und ein zu weit hinten liegender Satteltiefpunkt begünstigen den Stuhlsitz. Beachten Sie die korrekte Sitzbasis.
- Spaltsitz, starkes Hohlkreuz: Siehe Stuhlsitz. Zu lange Bügel und ein zu weit vorne liegender Tiefpunkt des Sattels begünstigen den Spaltsitz. Arbeiten Sie zudem an Ihrer Losgelassenheit.
- Herunterschauen aufs Pferd, nach vorne Hängen des Kopfes, Schultern und Oberarme zu weit vorne: Durch das Hängen lassen des Kopfes muss die Rücken- und Nackenmuskulatur übermäßig arbeiten. Dabei arbeiten die Bauchmuskeln zu wenig. Versuchen Sie, den Kopf gerade zu tragen. Machen Sie bei Verspannungen Lockerungsübungen.
  Achtung: Meiden Sie schnelle Kopfbewegungen!

1 **Fehlerhafter Drehsitz. Der ganze Oberkörper wird schief.**
2 **Herunterschauen aufs Pferd**

- Vornüberfallen, Oberkörper vor der Senkrechten: Korrigieren Sie Ihre Sitzbasis. Schulen Sie Ihr Körpergefühl, auch im Alltag. Passen Sie Ihren Körpertonus den Erfordernissen an. Beseitigen Sie eventuell vorhandene Ängste und Unsicherheiten (sichere Arbeitsbedingungen schaffen).
- Probleme beim Wenden: Meistens handelt es sich um ein Einknicken in der Hüfte oder Taille: Üben Sie den korrekten Drehsitz.
- Einknicken in der Hüfte (Oberkörper ist gerade, eines der Beine wirkt kürzer): In Wendungen belasten Sie den äußeren statt den inneren Gesäßknochen! Sitzbasis korrigieren, den korrekten Drehsitz für das Durchreiten von Wendungen trainieren.
- Einknicken in der Taille (Beine sind gleich lang, Schultern werden nicht auf gleicher Höhe getragen): Der Oberkörper verliert hierbei an Spannung und Stabilität. Häufig wirkt die innere Hand rückwärts. Die Ausweichbewegung findet in der Lenden- bzw. Brustwirbelsäule statt. Achten Sie darauf, dass Sie in Wendungen die äußere Schulter in die Bewegung mitnehmen (auf gleicher Höhe lassen).
- Feste Mittelpositur (Hüfte, Becken, Lendenwirbelsäule), allgemeine Steifheit: Finden Sie heraus, wo Sie verspannt sind. Lassen Sie Gelenkblockaden abklären (Gelenke in „Endstellung" blockieren und können geschädigt werden). Erarbeiten Sie sich Ihre bestmögliche Beweglichkeit und Losgelassenheit. Lassen Sie sich immer wieder vom Pferd passiv „transportieren", um den natürlichen Bewegungsablauf zu erfühlen. Turnen Sie sich bei chronischen Beschwerden ein bzw. wärmen Sie sich vor dem Reiten auf. Beseitigen Sie mögliche Ängste.
- Schieben mit dem Becken: Üben Sie das korrekte „Becken abkippen", z. B. auf einem Stuhl vor dem Spiegel. Dabei darf nicht das gesamte Gesäß bewegt werden. Verbessern Sie Ihre Losgelassenheit sowie die Geschmeidigkeit Ihrer Mittelpositur.
- Unruhige oder klopfende Schenkel: Lassen Sie Ihre Schenkel locker aus der Hüfte hängen. Drehen Sie Ihre Beine aus dem Hüftgelenk heraus leicht nach innen. Kein verkrampftes „Absatz tief" oder „Fußspitzen nach innen"! Losgelassenheit verbessern.
- Hochgezogene Absätze oder ausgedrehte Fußspitzen: Siehe „unruhige Schenkel".

1 Durch die Verspannung in den Schultern werden auch der Ellbogen und die Handgelenke fest. Anstatt die äußere Schulter in die Wendung mitzunehmen, wird der Kopf schief gehalten.

2 Die aufwändigen treibenden Hilfen führen zu hochgezogenen Absätzen und Knien. Der Oberschenkel klemmt, der Oberkörper fällt nach vorne.

Nur mit innerer Losgelassenheit ist äußere Balance und Losgelassenheit erreichbar.

- Verspannungen, Schmerzen: Atemtechniken zum Entspannen nutzen. Ruhige, tiefe Atmung wirkt entspannend. Kalte Muskeln und Gelenke vor dem Reiten aufwärmen. Bei kaltem Wetter neben dem Pferd warmlaufen, auch im Trab, damit auch Hände und Füße warm werden. Verzichten Sie bei übermäßigen Schmerzen aufs Reiten. Sorgen Sie bei chronischen Beschwerden für einen gesunden Ausgleich beim Pferd.
- Eingedrehte Zügelfäuste, Verspannungen in Schultern, Ellbogen und Handgelenken: Nehmen Sie locker Ihre Schulterblätter nach hinten und setzen Sie Ihren Kopf gerade auf Ihre Wirbelsäule. Lassen Sie Ihre Oberarme entspannt aus den richtig positionierten Schultern fallen. Ihre Ellbogen liegen locker am Oberkörper an. Die Handgelenke sind geschmeidig, die Zügelfäuste aufgestellt (drehen Sie einfach Ihre Unterarme aus dem Ellbogen heraus nach außen und Ihre Fäuste stehen automatisch richtig).
- Unruhige Hände, Festhalten am Zügel, harte Hand, Schlagen des Zügels, unstete Anlehnung, zu viel Gewicht in der Hand: Die Ursache sind oft ein festgehaltener Oberkörper und/oder verspannte Schultern. Verbessern Sie Ihre Balance. Machen Sie Lockerungsübungen für Schultern, Ellbogen und Handgelenke.
- Unkoordinierte Bewegungen, mangelndes reiterliches Gefühl, übertriebene Einwirkung, falsche Dosierung der Hilfen, grobe, unkoordinierte oder undifferenzierte Hilfen, die nicht oder zu

heftig beim Pferd ankommen. Disharmonie zwischen Pferd und Reiter. Üben Sie eine verfeinerte Hilfengebung. Machen Sie Atemübungen und verbessern Sie Ihre Körperkoordination. Geschicklichkeitsübungen an der Longe können sehr hilfreich sein.

- Ängste, geistige Anspannungen: Trainieren Sie eine entspannende Atmung. Atemtechniken können Ihnen auch generell helfen, sich besser loszulassen. Schaffen Sie Sicherheit (Reithelm tragen, heftige Pferde vor dem Reiten ablongieren, Scheutraining bei schreckhaften Pferden etc.). Sorgen Sie für Ruhe und ein angenehmes Arbeitsklima. Meiden Sie unnötige Risiken, Stress und Druck. Bringen Sie sich nicht unnötig in Situationen, von denen Sie wissen, dass Sie leicht überfordert werden. Steigern Sie die Anforderungen nur so weit, wie Sie wissen, dass Sie damit noch zurechtkommen. Schätzen Sie Ihre Fähigkeiten realistisch ein. Lassen Sie sich niemals zu etwas überreden, was Sie für gefährlich halten. Vertrauen Sie Ihrer Intuition.

Nutzen Sie bei eingeschliffenen Fehlern jede Gelegenheit, an der Sitzlonge zu arbeiten. Suchen Sie sich dazu unbedingt einen erfahrenen Ausbilder. Und nehmen Sie sich die Zeit, die Sie benötigen, um Ihre Balance zu verbessern. Lassen Sie die Hände weg von Ausbildern, die Sie mit Symptomkorrekturen wie „Absatz tief" abspeisen. Denn, um beim Beispiel zu bleiben, ein Tiefhalten des Absatzes ohne Losgelassenheit des gesamten Schenkels führt ganz automatisch zum Festhalten Ihres Spannes, einer weiteren Verspannung also. Ein Ausbilder, der versucht, die Optik Ihres Sitzes mit solchen Anweisungen zu verbessern, hat die Ursache Ihres Sitzproblems nicht erkannt und kann Ihnen deshalb auch nicht helfen. Die korrekte Korrektur würde hier lauten: Lösen Sie den Oberschenkel vom Sattel, drehen Sie sanft den Schenkel aus der Hüfte heraus etwas nach innen und lassen Sie Ihr Bein locker am Pferdeleib herunterhängen. So liegt er korrekt an, und sofern Sie sich in der Hüfte nicht gleich wieder festmachen, tragen Sie nun Ihren Absatz ganz automatisch tief. Sinnvoll für die Behebung von Sitzproblemen ist ein Spiegel in der Reitbahn, mit dem man seinen Sitz 1 : 1 kontrollieren kann. Auch Videoaufnahmen können sehr hilfreich sein, um zu überprüfen, ob einen das Körpergefühl nicht trügt.

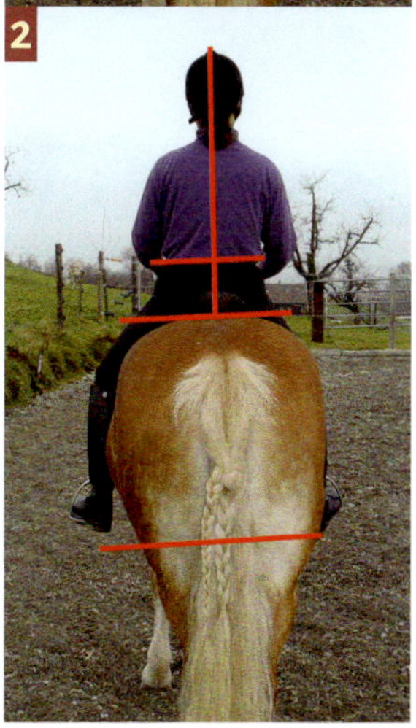

1 Einknicken in der Taille
2 Einknicken in der Hüfte, wobei auch Schultern und Kopf Ausweichbewegungen machen

DIE RICHTIGE EINWIRKUNG

Um auf ein Pferd einwirken und es gymnastizierend formen zu können, benötigen Sie einen ausbalancierten Sitz und korrekte Hilfen.

Wir unterscheiden:

- ***Schenkelhilfen:*** Zum Treiben und seitlichen Begrenzen des Pferdes
- ***Gewichtshilfen:*** Das sind Gewichtsverlagerungen durch das vermehrte Belasten des inneren oder äußeren Gesäßknochens zur Richtungsänderung bzw. zum Reiten von Wendungen und Seitengängen. Sie gehen jeweils mit einem Vorwärts-Abwärts-Kippen der inneren Hüfte, dem vermehrten Austreten des inneren Bügels sowie dem Mitnehmen der äußeren Schulter einher. Die zweite Gewichtshilfe ist die so genannte ***Kreuzeinwirkung***. Damit sind diejenigen Gewichtshilfen gemeint, die durch das leichte Abkippen des Beckens nach vorne (aktiv durch Anspannung der Bauchmuskulatur) oder hinten (passiv = Abspannen der Bauchmuskulatur) das Pferd veranlassen, seinen Schwung und/oder seine Haltung zu verändern.
- ***Zügelhilfen:*** Ermöglichen Tempo- und Richtungskontrolle sowie das Stellen des Pferdes. Dadurch können Sie das Pferd lösen und formen. Außerdem helfen richtig angewandte Zügelhilfen, das Pferd in den Hanken zu beugen.

Das Pferd, das auf all diese Hilfen geschmeidig eingeht, geht „am Sitz“. Der Reiter, der sein Pferd gut an allen Hilfen stehen hat, hat einen „geschlossenen“ oder „zentrierten“ Sitz.

Die verschiedenen Hilfen können unterschiedlich eingesetzt werden:

- ***Treibende Hilfen:*** Vornehmlich Schenkelhilfen. Sie bestimmen im Zusammenspiel mit dem Abkippen des Beckens, wie die Schub- und Tragkraft der Hinterhand des Pferdes eingesetzt wird.
- ***Verhaltende Hilfen:*** Das richtige Abkippen des Beckens in Kombination mit einer gefühlvollen Zügeleinwirkung bringt das Pferd dazu, Tempo bzw. Raumgriff zu verkürzen bzw. mehr Gewicht auf

der Hinterhand aufzunehmen. Zur verhaltenden Hilfe gehört immer eine treibende Hilfe. Das bedeutet, dass das Pferd in jede Parade hineingetrieben wird, damit es nicht auf die Vorhand fällt. Selbstverständlich muss jeder verhaltenden Hilfe ein Nachgeben mit der Hand bei gleichzeitigem Vortreiben folgen.

- *Seitwärts weisende Hilfen* setzen sich aus allen Hilfen zusammen. Sie werden benötigt, um ein noch nicht völlig gerade gerichtetes Pferd korrekt gebogen durch eine Wendung zu reiten sowie für das Reiten aller Lektionen, bei denen das Pferd zur Seite (z. B. Schenkelweichen) oder gebogen unter seinen Schwerpunkt (alle Seitengänge) treten muss.

Das korrekte Zusammenwirken der verschiedenen Hilfen nennt man „Paraden".

Treibende Hilfen

Die treibenden Hilfen sind die vorrangigsten Hilfen beim Reiten. Nur sie ermöglichen die Kontrolle der Tätigkeit von Rücken und Hinterhand des Pferdes. Ein Pferd, das vor den treibenden Hilfen wegläuft, kann niemals durchlässig an den Hilfen stehen. Genauso wenig wie ein Pferd, das die treibenden Hilfen nicht annimmt und sich verhält.

Unter treibenden Hilfen versteht man einerseits die vorwärts- oder seitwärts treibenden Schenkel, andererseits ein leichtes, weitgehend

1 In der Phase des Vorschwingens kann die Aktivität und Trittlänge des Hinterbeines beeinflusst werden. Durch den weiteren Vortritt wird auch der Rücken stärker aufgewölbt.

2 Die innere Schulter ist zurückgegangen, der innere Schenkel treibt.

1

2

unsichtbares Abkippen des Beckens. Bei faulen Pferden darf die Hinterhand auch mit der Gerte zum energischen Vortreten aufgefordert werden. Manche Pferde sind anfangs etwas fest und müssen zuerst „geweckt" werden. Sobald ihre Muskeln gelöst sind, laufen sie fast von selbst. Sporen sind dagegen nicht zum Treiben da! Keinesfalls dürfen sie im Takt des Trabs oder Galopps am Pferdeleib mitwippen oder gar im Pferdebauch stecken bleiben. Die Sporen sind zur Verfeinerung der Hilfen gedacht und sollen nur im Bedarfsfall eingesetzt werden. Ist ein Pferd derart abgestumpft, dass es nur noch mit Hilfe von Sporen „in Gang" gebracht und gehalten werden kann, ist etwas gründlich schiefgelaufen. Dann muss unbedingt der Grund dieser Triebigkeit behoben werden, bevor man das Pferd weiterhin drangsaliert. Oft wurden solche Pferde mit falsch verstandenen treibenden Hilfen planlos vorwärtsgescheucht und gleichzeitig mit einer unsensiblen Handeinwirkung und einer festen Mittelpositur wieder ausgebremst. Als Ursache kommen aber auch Schmerzen aller Art in Betracht.

Korrektes Treiben im richtigen Augenblick ist also wesentlich für den Erfolg beim Reiten. Treibende Hilfen müssen in der Bewegung des Pferdes erfolgen und dürfen diese niemals stören.

Treibende Hilfen können in verschiedenen Bewegungsphasen angebracht sein, sodass man das Gehverhalten des Pferdes beeinflussen kann. Einerseits können sie das gerade abfußende Hinterbein zum dynamischeren Abschub motivieren. Sie können aber auch das vorfu-

1 In dieser Phase kann das Durchfedern des äußeren Stützbeines verlängert werden, sofern das Pferd korrekt an den Hilfen steht.

2 Während des Vorfußens begleitet der treibende Schenkel das Hinterbein, um es zu vermehrtem Vortritt zu aktivieren.

1 Beim Vorschwingen senkt sich die gleichseitige Hüfte des Pferdes. Der entsprechende Schenkel wird automatisch an den Pferdeleib „gesogen“.
2 Im Moment des Auffußens liegt der linke Schenkel nur noch ganz leicht am Pferdeleib. Im nächsten Augenblick wird der rechte Schenkel die treibende „Arbeit“ übernehmen.

ßende Hinterbein zum vermehrten Untertritt unter den Schwerpunkt anregen. Sie wirken also immer auf das ab- und vorfußende Hinterbein ein, da Sie auf ein gerade auffußendes Hinterbein mit treibenden Hilfen keinen Einfluss nehmen können. Man kann aber die Phase des Durchfederns am Stützbein leicht verlängern, wenn die verhaltenden Zügelhilfen den Moment des Auffußens treffen (auf der Seite des Hangbeins muss in diesem Moment schon wieder nachgegeben werden!). Dadurch verbessert sich die Tragkraft des Pferdes. Sind Sie noch nicht in der Lage, die Bewegungsphasen Ihres Pferdes sicher zu spüren, können Sie auch noch kein Pferd korrigieren oder in guter Versammlung und schwierigen Lektionen reiten.
In diesem Fall beschränken Sie sich darauf, sich dem Bewegungsablauf anzupassen und das Pferd so wenig wie möglich zu stören.
Im viertaktigen Schritt treibt man wechselseitig in dem Augenblick, in dem die Schulter zurückgeht. Sie spüren dies daran, dass sich das Pferd auf dieser Seite leicht senkt. Wenn Sie Ihren Schenkel locker hängen lassen, berührt dieser automatisch im richtigen Moment den Pferdeleib. Bei den meisten Pferden reicht dieser leichte Kontakt bereits, um Fleiß sowie Raumgriff zu erhalten. Man sagt somit, das geschmeidige Pferd holt sich seine treibenden Hilfen selbst ab. Mit stärkerem Druck nachtreiben müssen Sie nur dann, wenn Raumgriff oder Fleiß erhöht oder bei einem fauleren Pferd erhalten werden soll, sowie wenn erhöhte Anforderungen an die Längsbiegung gestellt werden.

Die treibenden Hilfen im Galopp setzen während der Abschubphase des äußeren Hinterbeines ein.

Im Trab, der ja eine Gangart im Zweitakt ist, wird der losgelassen anliegende Schenkel ebenfalls durch die rhythmische, wechselseitige Wölbung des Rumpfes in dem Moment an den Pferdeleib „gesogen", in dem das jeweilige Hinterbein vorfußt. Denken Sie dabei wieder an die menschliche Gehbewegung.
Ein gesundes, gut ausgebildetes Pferd, das mit einem angenehmen Vorwärtsdrang ausgestattet ist, losgelassen geht und entsprechend tief und regelmäßig atmet, holt sich seine treibenden Hilfen also selbst ab, wenn der Reiterschenkel leicht und „mitatmend" an seinem Leib anliegt. Ist dies nicht der Fall, können Sie meist mit leicht verstärktem Wadendruck das jeweils vorfußende Hinterbein aktivieren.
Zum energischen Nachtreiben und Aktivieren des Hinterbeines benützen Sie die Gerte, die in der Regel auf der Innenseite der Bahn gehalten wird. Richtig wird die Gerte hinter dem korrekt anliegenden Schenkel eingesetzt und so dessen Wirkung verstärkt. Der dort liegende Reflexpunkt lässt die seitliche Bauchmuskulatur anspannen und bewirkt ein verstärktes Anheben und Vortreten des jeweiligen Hinterbeines.
Damit das Gertenende auch wirklich direkt hinter dem Schenkel trifft, muss die Gertenhand aufrecht getragen und gegebenenfalls unten leicht eingedreht werden. Bei jedem Gerteneinsatz ist darauf zu achten, dass dem Pferd nicht im Maul geruckt wird. Dies wären zwei entgegengesetzte Aufforderungen (Gerte = geh vorwärts, Ruck im Maul = Notbremse).
Beim Leichttraben treiben Sie nur bei jedem zweiten Takt. Da Sie sich jeweils im Moment

hinsetzen, in dem der innere Hinterfuß den Boden berührt, müssen Sie das vorfußende Hinterbein auch während der Phase des Aufstehens mit Ihrem anliegenden Schenkel begleiten, sofern Sie auf dieses Einfluss nehmen möchten.

Im Galopp treiben Sie in dem Augenblick, in dem sich das Pferd mit dem äußeren Hinterbein abstößt bzw. mit dem inneren Hinterbein vorspringt. Ein nötiger Gerteneinsatz orientiert sich ebenfalls an dieser Bewegungsphase. Auch hier bekommen Sie bei losgelassenem Sitz rasch das Gefühl für den richtigen Moment. Ansonsten kann Ihnen auch ein Helfer am Boden den richtigen Zeitpunkt nennen. Natürlich ist es bedeutend einfacher, den für das korrekte Treiben richtigen Zeitpunkt zu erspüren, wenn das Pferd über ruhige, taktmäßige und raumgreifende Bewegungen verfügt. Bei Taktfehlern und eiligen, flachen oder hektischen Bewegungen ist es für einen ungeübten Reiter enorm schwierig zu fühlen, in welchem Augenblick er einwirken muss.
Wo für das Reiten eines Pferdes in lockerer Gebrauchshaltung ein ungefähres Timing der treibenden Hilfen genügt, ist dieses für das differenzierte Reiten in hoher Versammlung von wesentlicher Bedeutung. Um das Pferd zu vermehrter Schubkraft (= Tempoerhöhung und/oder Erweiterung des Raumgriffes ohne falsches Wegeilen des Pferdes) oder Tragkraft (= bessere Gewichtsaufnahme auf der Hinterhand ohne hebelnde Handeinwirkung) anzuhalten, müssen Sie geschickt auf die Hinterbeine einwirken. Während die korrekt gegebene Parade die Phase des Durchfederns des jeweiligen Stützbeines verlängert, muss die treibende Hilfe in die Phase des Nachgebens des Zügels treffen, in der das entsprechende Hinterbein vorschwingt. Damit wird das Stützbein zuerst durch die durchhaltende Zügelhilfe zum vermehrten Durchfedern und nun – als Spielbein – durch die treibende Hilfe zum vermehrten Vortreten in verbesserter Beugehaltung motiviert. Treiben Sie hier fälschlicherweise im selben Moment, in dem die Zügelhilfe das Durchfedern verlängert, bleibt das Hinterbein am Boden „kleben". Ist das Pferd hingegen während der treibenden Einwirkung erst im Begriff, mit dem Hinterbein aufzufußen, kann es nur mit Verzögerung reagieren oder die unverständliche Aufforderung ignorieren.

Wie bei allen Hilfen ist die Reaktion des Pferdes wichtig. Zieht es sofort an, war die treibende Hilfe korrekt und verständlich. Reagiert es nicht, haben Sie höchstwahrscheinlich den falschen Zeitpunkt erwischt oder die falsche Dosierung der Hilfe gewählt.

Korrekte Handeinwirkung

Grundsätzlich muss die Handeinwirkung immer so weich und leicht wie irgend möglich sein. Um eine feine und weiche Anlehnung zum Pferdemaul zu finden, die es ermöglicht, jederzeit verständliche Informationen ans Pferdemaul weiterzuleiten, benötigen Sie eine unabhängige Hand. Das bedeutet, dass Sie so ausbalanciert auf dem Pferd sitzen müssen, dass Sie weder in Versuchung kommen, sich an den Zügeln festzuhalten noch unbeabsichtigt Ihrem Pferd im Maul zupfen.

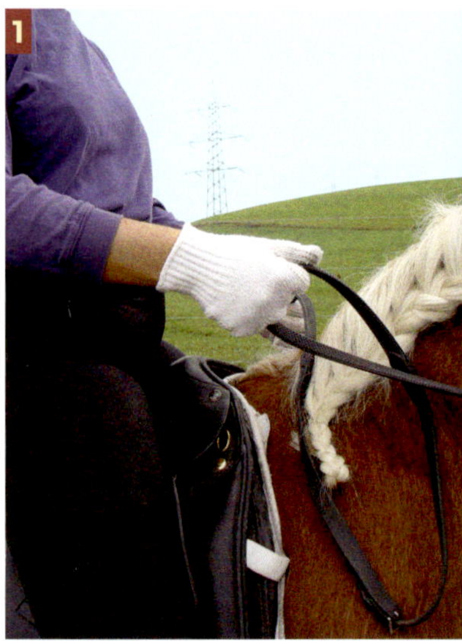

1 Offener Daumen
2 Leicht verdeckte Fäuste

Reiten lernen ist ein lebenslanger Entwicklungsprozess. Lassen Sie sich deshalb genügend Zeit für jeden Ausbildungsschritt. Setzen Sie sich nicht unnötig unter Druck. Setzen Sie Ihre Lernprioritäten so, dass das Wohl Ihres Pferdes an erster Stelle steht.

Haben Sie die erste Hürde geschafft und können Ihre Handeinwirkung wunschgemäß koordinieren, nehmen Sie eine leichte und feine Fühlung zum Pferdemaul auf. Sie sollten auf einen gleichmäßigen, weichen Kontakt achten. Schlackert der Zügel, zupfen Sie dem Pferd immer wieder unbeabsichtigt im Maul. Andererseits haben Pferde, deren Ausbildungsstand noch nicht sehr fortgeschritten ist, oft eine recht unruhige Halshaltung. Dies jederzeit geschmeidig auszubalancieren ist unmöglich. Das Problem durch eine festere „Anlehnung" lösen zu wollen, indem Sie das Pferd durch Druck im Maul nötigen, seinen Hals möglichst unbeweglich zu halten, ist natürlich keine Lösung. Achten Sie bei solchen Pferden konsequent auf die Losgelassenheit. Mit der Zeit wird die Halshaltung von alleine ruhiger wer-

den und Sie werden auch besser mitgehen können. Im Zweifel bevorzuge ich den leicht schlackernden Zügel vor der zu festen „Anlehnung“. Niemals darf das Pferd beim schlackernden Zügel aber harte Schläge auf die Laden bekommen.
Pferde teilen uns auf vielfältige Art und Weise mit, wenn sie mit unserer Zügelführung nicht zufrieden sind. Maulen, taktmäßiges Kauen, „Schaum schlagen“, sich-im-Genick-Verwerfen, unruhige Kopfhaltung, Zähneknirschen, Kopfschlagen sind einige Möglichkeiten. Bitte unterbinden Sie solche Hilferufe nicht durch Hilfszügel,

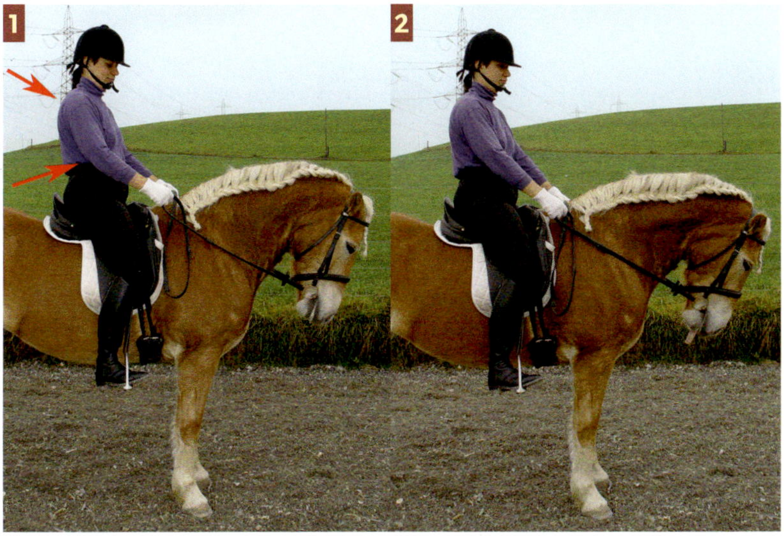

1 Spannungen im Schulterbereich können zu verspannten Ellbogen und Handgelenken führen.
2 Heruntergedrückte Fäuste bei gestreckten Ellbogen, oft zu sehen in Zusammenhang mit starker Handeinwirkung

schärfere Gebisse oder eine stärkere Handeinwirkung. Verschnallen Sie auch das Nasenband so locker, dass das Pferd das Maul ein Stück aufmachen kann. Dies verhindert einerseits Verspannungen durch ein zugeschnürtes Maul, andererseits kann Ihnen Ihr Pferd auch jederzeit signalisieren, wenn Sie nicht weich genug einwirken.
Niemals sollte die Zügelverbindung hart oder starr werden. Jeder Reiter zieht sich gelegentlich fest. Passiert dies, müssen Sie aber unbedingt sofort nachgeben und abwarten, bis sich das Pferd wieder vertrauensvoll an die Hand herandehnt. Reißen am Zügel kann nur im Notfall entschuldigt werden, wenn es gilt, Schaden von sich, seinem Pferd und Dritten abzuhalten. Mehr zum Thema finden Sie im Kapitel „Anlehnung“.

Eingedrehte Zügelfaust

DAS ZUSAMMENSPIEL DER HILFEN: DIE PARADE

Paraden sind ***das wohlabgestimmte Zusammenwirken von Schenkel-, Gewichts- und Zügelhilfen***. Das Ziel ist, das Pferd sicher an die Hilfen zu stellen.
Es werden Halbe und Ganze Paraden unterschieden. Ganze Paraden führen immer zum Halten. Alle anderen Paraden werden als Halbe Paraden bezeichnet.
Halbe Paraden werden gegeben, um

- Übergänge von einer Gangart in die andere zu reiten;
- das Gangmaß innerhalb einer Gangart zu verstärken oder zu verkürzen;
- das Pferd vor der Einleitung von Übungen und Lektionen aufmerksam zu machen;
- die Haltung des Pferdes zu verbessern bzw. zu erhalten.

Bei Paraden wirken immer alle drei Hilfen zusammen. Bei sehr gut ausgebildeten Pferden ist es mit der Zeit möglich, vorwiegend mit Gewichts- und leichten Schenkelhilfen zu arbeiten. Zügelhilfen dürfen grundsätzlich nur in Zusammenwirkung mit Gewichts- und Schenkelhilfen gegeben werden. Dabei ist stets von hinten nach vorne zu reiten (an die Hand herantreiben, nicht vorne ziehen und das Pferd auf die Vorhand werfen).
Wichtig ist, dass ***jeder Parade ein Nachgeben mit dem Zügel folgt***, da sonst die Hinterhand des Pferdes blockiert wird und nicht mehr unter den Schwerpunkt treten kann (Achtung: Nachgeben heißt nicht den Zügel wegwerfen!). Auch bei nur angedeutetem Erfolg muss der Reiter sofort mit der Hand leichter werden. Ist die Parade nicht voll durchgekommen, wird sie wiederholt gegeben, bis das Pferd in gewünschter Weise reagiert.

Beachten Sie Folgendes:

Zügelhilfen sind verhaltende Hilfen, die bei richtiger Anwendung nicht den Vortritt, sondern den Abschub der Hinterhand beschränken. Die Paraden erfolgen im Rhythmus der Hinterhandbewegung und treffen in die Beugephase des Stützbeins. Sie wirken also abwechselnd immer nur auf ein Bein und geben schon wieder nach, wenn dieses Bein in die Abschubphase kommt. Nur dann wird die Beugephase verlängert. Das Pferd läuft „in die Parade hinein“ und kann sich ehrlich in den Hanken beugen.

Der Kreislauf der Hilfen:

Der treibende rechte Schenkel regt das rechte Hinterbein zum Vortreten an (rot). Durch das gute Untertreten wird der obere Spannungsbogen aktiviert: Das Becken kippt ab, die Nackenmuskulatur dehnt sich, der Rücken wölbt sich auf. Das Pferd dehnt sich an die

Der Kreislauf der Hilfen

Hand heran (blau). Durch das Einspannen des Pferdes zwischen den Hilfen bleibt die Dehnung der gesamten Muskelkette vom Genick bis zum Hinterbein erhalten (gelb).
Leiten Sie eine Parade dagegen mit der Hand ein, reiten Sie nicht mehr von hinten nach vorne, sondern blockieren die Bewegung des Pferdes. So verliert das Pferd seine Losgelassenheit. Es wird in den Halsmuskeln und im Rücken fest und kann mit den Hinterbeinen nicht mehr korrekt nach vorne durchschwingen. Der natürliche Bewegungsablauf ist gestört.
Spannen Sie Ihr Kreuz an, lassen aber gleichzeitig Ihre Schenkel nach vorne rutschen, wird das Pferd nicht mehr korrekt eingerahmt. Anstatt seinen Rücken aufzuwölben, drückt es ihn nun nach unten durch. Dies geschieht, weil durch die fehlende Schenkelhilfe der Reflexpunkt, der durch das Anspannen der Bauchmuskulatur auch das Aufwölben des Rückens bewirkt, nicht mehr aktiviert wird. Außerdem kommen Sie so hinter die Bewegung des Pferdes. Dies wirkt schiebend auf das Pferd. Es kommt aus dem Gleichgewicht.
Falsch verstandenes Kreuz anspannen, bei dem der Reiter mit hochgezogenen Schenkeln und hebelndem, nach hinten abkippendem Oberkörper fuhrwerkt, blockiert jede Vorwärtstendenz des Pferdes.

Es verliert nicht nur seine Losgelassenheit, sondern gibt auch die ehrliche Anlehnung auf. Es macht den Rücken fest und kann so beim besten Willen keinerlei Schwung entwickeln. Damit kommen auch die weiteren Paraden nicht mehr durch. Der gesamte Fluss „von hinten nach vorne und über den schwingenden Rücken wieder zurück" ist blockiert. Hier hilft nur noch erneutes Entspannen und lockeres Vorwärtsreiten bei leichter Hand.

Probieren Sie diese typischen Fehler ruhig absichtlich mal aus. Testen Sie die Reaktion Ihres Pferdes. Jedes Pferd reagiert anders. Es wird diese Tests zwar nicht schätzen, Ihnen aber bestimmt verzeihen, denn es hilft Ihnen, in Zukunft sofort zu spüren, wenn sich ein Fehler einschleichen sollte. Zeigt Ihr Pferd keine Reaktion auf diese Provokationen, so liegt die Vermutung nahe, dass es bereits durch solche Fehler abgestumpft ist.

Das Gefühl für ***das Zusammenwirken und die richtige Dosierung der Hilfen*** müssen Sie sich natürlich selbst erarbeiten, was regelmäßiges Üben und feinfühliges Erspüren der Reaktion des Pferdes erfordert. Bitte überprüfen Sie regelmäßig, ob Sie mit weniger starken Hilfen nicht dasselbe Resultat erzielen können. Lassen Sie sich von erfahrenen Reiterkollegen beobachten oder nehmen ab und zu einen Ritt auf Video auf. Oftmals drücken wir ständig die Schenkel ans Pferd oder stechen unbewusst bei jedem Tritt oder Sprung mit den Sporen zu, ohne es überhaupt zu merken. Sollte das der Fall sein, versuchen Sie bewusst feiner einzuwirken und lassen Sie sich von der verfeinerten Reaktion des Pferdes überraschen. Falls Sie mit Sporen reiten, verzichten Sie einfach eine Weile darauf und schauen Sie, wie Ihr Pferd ohne läuft.

Ein Indiz für unkoordinierte oder grobe Einwirkung ist eine (zu) heftige Reaktion des Pferdes. Schießt es beim Antraben los, haben Sie Ihre treibenden Hilfen viel zu heftig eingesetzt. Reißt es beim Durchparieren den Kopf hoch, müssen Sie Ihre Handeinwirkung kritisch überprüfen usw.

Wie bei der Ausbildung des Pferdes müssen Sie sich Zeit lassen. Einfühlsames Reiten erfordert sehr viel Erfahrung. Je besser Sie mit Ihrem Pferd harmonieren, desto feiner werden Sie sich mit der Zeit verständigen können. Seien Sie sich aber auch bewusst, dass für alle Reiter und auch für alle Pferde gewisse Grenzen bestehen.

Ein für jeden Reiter gültiges Patentrezept zur Lösung reiterlicher Probleme gibt es nicht. Am meisten Erfolg verspricht die selbstkritische und konsequente Arbeit an sich selbst.

DIE AUSBILDUNGSSKALA – DAS EINMALEINS DES REITPFERDES

80 Die sechs Stufen der Skala

DIE SECHS STUFEN DER SKALA

Obwohl jedes Pferd anders ist, gibt es einen systematischen Ausbildungsweg, den jedes Reitpferd durchlaufen sollte: Die Ausbildungsskala. Sie ist in sechs Einzelschritte gegliedert, deren Hauptziel die größtmögliche Durchlässigkeit und damit die Harmonie zwischen Pferd und Reiter ist.
Takt – Losgelassenheit – Anlehnung – Schwung – Geraderichtung – Versammlung – das sind die Grundbegriffe der Ausbildungsskala. Diese Ausbildungsziele sollen Ihre Richtlinie sowohl in der gesamten Pferdeausbildung als auch im täglichen Training sein.

Ziele der Gymnastizierung nach der Ausbildungsskala sind:

- Das Lockern und Loslassen der Muskeln;
- das Entspannen des Genicks;
- die Entwicklung einer konstanten, vertrauensvollen Dehnungsbereitschaft;
- das Aufwölben des Rückens und dadurch das federnde Tragen des Reitergewichtes;
- das leichte Annehmen der Reiterhilfen;
- die Biegung der Längsachse;
- das Beugen und Geschmeidigmachen der Hinterhandgelenke;
- die gleichmäßige Entwicklung von Geschicklichkeit, Beweglichkeit und Wendigkeit auf beiden Händen;
- die vermehrte Kraftentwicklung;
- = das durchlässige Tragen des Reitergewichtes bei tragfähigem Rücken, oder anders gesagt, die Selbsthaltung.

Auch in anderen Reitweisen gibt es der klassischen Ausbildungsskala ähnliche Ausbildungswege. Es kann also dem interessierten Reiter nicht schaden, sich beispielsweise auch einmal in die „akademische Reitkunst" einzulesen und die Ausbildungswege zu vergleichen.
Ein Pferd korrekt auszubilden ist keine Hexerei, wenn Sie das Prinzip der Ausbildungsskala und die Logik der einzelnen Schritte erst einmal verstanden haben. Einen ersten Einblick vermittelt die folgende Fotostory.

1

2

Zunächst geht das Pferd entspannt (zwanglos) in gleichmäßigen Schritten, Tritten und Sprüngen vorwärts (= taktmäßiger Gang) (1/2). Dabei reagiert es seinen ersten Vorwärtsdrang ab (temperamentvolles Pferd) oder wird aufgeweckt (faules Pferd), ohne dass es der Reiter im Maul stört.

Sobald das Pferd fleißig, aber ohne zu eilen vorwärts geht, beginnt der Reiter, es durch vermehrtes Treiben zum fleißigen Untertreten mit der Hinterhand anzuregen. Gleichzeitig reguliert er das Tempo mit gefühlvollen Paraden. Dadurch wird das Pferd motiviert, seine Nacken und Rückenmuskeln zu dehnen. Durch diese Dehnung der Oberlinie wölbt sich der Rücken auf und es entsteht eine leichte Verbindung zur Reiterhand (= ***Losgelassenheit***) (3/4).

3

4

5

6

7

Durch das losgelassene An- und Abspannen der Muskulatur des Pferdes verbessert sich die Dehnungsbereitschaft. Dadurch verlagert sich die Gleichgewichtssituation des Pferdes leicht nach vorne, sodass es zum weiteren Ausbalancieren seines Körpers eine leichte ***Anlehnung*** an die Hand sucht. Es dehnt sich also an die Reiterhand heran (5). Mit dieser Anlehnung hat der Reiter nun das Instrument in der Hand, die Haltung des Pferdes zu ändern und es zu formen. Zunächst tut er dies, indem er das Pferd in Arbeitshaltung bringt und somit seinen Schwerpunkt wieder etwas nach hinten verlagert (6).
Durch weiteres Herantreiben der Hinterhand und gefühlvolle Paraden bringen Sie das Pferd dazu, sich vermehrt loszulassen, verstärkt im Rücken zu schwingen und schwungvoller von hinten nach vorne durchzutreten (= ***Schwungentfaltung)*** (7).
Sie achten nun vermehrt darauf, dass sich Ihr Pferd immer den gerittenen Linien entsprechend in seiner Längsachse biegt. Seine Hanken (Knie- und Hüftgelenke) beugen sich jetzt stärker. Da dies für das Pferd sehr anstrengend ist, macht sich jetzt seine natürliche Schiefe deutlicher bemerkbar als bisher. Diese wird bearbeitet, indem man beide Hanken gleichmäßig gymnastiziert, sodass sie gleich gut durchfedern und gleich viel Gewicht aufnehmen können (= ***Geraderichtung***) (8). Dies geschieht unter anderem durch das Reiten von Seitengängen (9).
Durch das nunmehr gleichmäßigere Herantreten der Hinterbeine unter den Schwerpunkt löst sich der Rücken noch besser: Die Dehnung an die Hand heran wird optimiert,

da die Muskulatur von hinten bis vorne Hand in Hand arbeitet. Das Pferd ist nun in der Lage, treibenden und verhaltenden Hilfen jederzeit ohne Verzögerung zu folgen. Treiben Sie die Hinterhand noch energischer unter den Schwerpunkt und behalten das Tempo bei, verbessert sich die Tragkraft weiter. Die Hanken werden vermehrt gebeugt, der Rücken wölbt sich stärker auf und die Vorhand hebt sich. Das Pferd richtet sich auf, wirkt erhaben und kadenziert (= ***Versammlung***). Es ist nun in der Lage, alle Hilfen von hinten nach vorne und wieder zurück durchzulassen (= ***Durchlässigkeit***) (10/11).
Kurz ausgedrückt vollzieht sich also der Ausbildungsweg des Pferdes in drei Phasen. Takt, Losgelassenheit und eine erste, leichte Anlehnung sind das Ziel der Gewöhnungsphase (= Anreitphase). Mit Hilfe von Anlehnung, Schwungentfaltung und Geraderichtung wird die Schubkraft entwickelt und durch die beginnende Erarbeitung der Tragkraft unter Kontrolle gebracht (= fortschreitende Ausbildung). Mit der Verbesserung der Geraderichtung und Versammlung wird wiederum die Tragkraft gefestigt (= fortgeschrittene Ausbildung). Das Ziel der Ausbildung ist die größtmögliche Durchlässigkeit, die dem Pferd den Gehorsam ermöglicht und das Pferd für den Reiter angenehm macht.
Obwohl die Ausbildungsskala in einzelne Schritte unterteilt ist, funktioniert sie nur als Ganzes. Alle Schritte gehen fließend ineinander über und sind ***im Wechselspiel voneinander abhängig***. Kein Ausbildungsschritt kann ohne die vorherigen korrekt erarbeitet werden.

8

9

10

11

Am schnellsten kommen Sie mit der Ausbildung voran, wenn Sie sich viel Zeit lassen und Ihrem Pferd die Chance geben, sich seinen Möglichkeiten entsprechend zu entfalten. Eine gute Ausbildung ist der beste Tierschutz und eine Investition in die Zukunft.

Die Erarbeitung aller Ausbildungsschritte entwickelt sich über Jahre, je nach Veranlagung des Pferdes und Können des Ausbilders. Da aufgrund ihres Körperbaus auch nicht alle Pferde über dieselben Möglichkeiten bezüglich Schwungentfaltung, Tragkraftentwicklung und Versammlungsfähigkeit verfügen, kann es durchaus sein, dass Sie irgendwann an die Grenzen Ihres Pferdes – oder Ihre eigenen – stoßen. Das ist aber nicht tragisch. Für ein Freizeitpferd reicht das reelle Erreichen des Ausbildungspunktes Anlehnung aus, um Ihnen ein glückliches Zusammenleben zu bescheren. Auf dieser Stufe sind Sie in der Lage, die Rückentätigkeit und das Engagement der Hinterhand des Pferdes zuverlässig zu kontrollieren. Ohne dies beabsichtigt zu haben, arbeiten Sie nun bereits etwas an der Geraderichtung und der Entwicklung der Tragkraft. Damit beginnt Ihr Pferd ohnehin, Last auf seiner Hinterhand aufzunehmen. Aber auch das Sportpferd, das nicht höchste Dressurweihen empfangen soll, ist mit diesem (reell erarbeiteten) Ausbildungsstand schon ganz gut bedient und hat so die Chance, über lange Zeit gesund und leistungsfähig zu bleiben. Es ist auch allemal sinnvoller und gesünder, ein Pferd mit eingeschränkten Fähigkeiten seinen Möglichkeiten entsprechend zu schulen, anstatt ihm aus falsch verstandenem Ehrgeiz Leistungen abzuverlangen, die es körperlich und seelisch überfordern würden. Dies ist besonders oft bei talentierten Sportpferden zu beobachten, die zuerst nervlich und als Folge davon auch körperlich überfordert werden, da sie unter hohem Leistungsdruck ihre Losgelassenheit verlieren.

Die Ausbildungsskala begleitet Sie und Ihr Pferd beim täglichen Training. So wird auch beim weit geförderten Reitpferd während der Lösungsphase über den Takt die Losgelassenheit und Anlehnung erarbeitet. Das Kontrollinstrument Anlehnung ermöglicht dann in der Arbeitsphase durch die Kontrolle der Hinterhand und die vermehrte Rückentätigkeit die Entwicklung des Schwungs, die verstärkte Geraderichtung und zum Schluss die Versammlung.

Ergeben sich z. B. bei der Erarbeitung der Versammlung Losgelassenheits- oder Anlehnungsprobleme, wissen Sie, dass sie zu wenig behutsam vorgegangen sind und wieder zu Losgelassenheit und Anlehnung finden müssen, bevor Sie sich erneut vorsichtig an die weiteren Schritte heranwagen können.

ZWANGLOSIGKEIT ALS GRUNDLAGE DER ZUSAMMENARBEIT

▸ 86 Was versteht man unter Zwanglosigkeit?

WAS VERSTEHT MAN UNTER ZWANGLOSIGKEIT?

Zwangloses Reiten bedeutet, dass das Pferd ohne An- oder Verspannungen unter dem Sattel geht. Im Gegensatz zur Losgelassenheit geht das Pferd zwar mit fallengelassenem Hals in einer ihm angenehmen Haltung, aber mit nur matt schwingender Muskulatur. Es dehnt seine obere Linie also noch wenig und tritt auch noch nicht sehr energisch über den Rücken an die Hand heran.
Zwanglosigkeit ist die Grundvoraussetzung für jede gymnastische Arbeit mit dem Pferd. Sie ermöglicht dem Pferd, frei von Unsicherheit, Angst, Schmerz oder anderem Stress auf die Hilfen des Reiters einzugehen.

Ein zwanglos gehendes Pferd zeigt folgende Merkmale:

- Das Pferd geht im Takt der jeweiligen Gangart.
- Der Hals wird in einer dem Pferd angenehmen Haltung getragen. Das Pferd dehnt sich dabei aber noch wenig und sucht deshalb auch noch keinen Kontakt zur Reiterhand. Der Zügel hängt daher bei zwanglos gehenden Pferden meist durch.
- Der Schweif pendelt locker.
- Der Rücken schwingt leicht, die Muskulatur spannt sich jedoch noch eher matt an und ab. Daher geht das Pferd auch meist noch recht deutlich auf der Vorhand.
- Das Pferd macht insgesamt einen entspannten Eindruck. Es atmet tief und regelmäßig. Das Auge wirkt ruhig und zufrieden. Die Nüstern sind frei von Verspannungen. Das Ohrenspiel ist ebenfalls entspannt.

Grundsätzlich ist jedem Pferd die Zwanglosigkeit angeboren und man sollte davon ausgehen können, dass diese auch zum Zeitpunkt des Einreitens noch vorhanden ist. Sofern es keine schwere Krankheit oder einen Unfall hatte und auch kein Vertrauensbruch von Seiten des Menschen stattgefunden hat, trifft dies tatsächlich zu. Leider wird vielen Pferden ihre natürliche Zwanglosigkeit aberzogen. Besonders Pferde mit Gebäude- oder Temperamentsschwierigkeiten büßen ihre Zwanglosigkeit ein, wenn sie mit wenig Sachverstand

Zwanglos gehende Pferde, locker am durchhängenden Zügel dahinpendelnd.

angeritten werden. So ist jede Behandlung, die das Vertrauen des Pferdes zum Menschen stört, zwanglosem Gehen abträglich. Auch der Aufbau von Verspannungen durch unsachgemäße Ausbildungsversuche stört die Fähigkeit des Pferdes, sich seinem Reiter anzuvertrauen. Natürlich stört auch Bewegungsmangel oder haltungsbedingter Stress den zwanglosen Gang.

Sie sehen, wie wichtig die Zwanglosigkeit ist und wie leicht diese verloren gehen kann. Um eine optimale Ausgangsbasis für die Ausbildung Ihres Pferdes zu schaffen, sollten Sie vor dem ersten Anreiten oder vor einer allfälligen Korrektur Ihr Pferd auf Herz und Nieren testen. Schließen Sie alles aus, was dessen Zwanglosigkeit von vornherein gefährden könnte.

- Beobachten Sie Ihr Pferd im Freilauf. Zeigt es Ganganomalien wie Taktfehler, unregelmäßigen Gang oder eine schleifende Hinterhand? Trägt es den Hals auch nach einer gewissen „Austobphase" hochgereckt, hält sich im Rücken fest oder zeigt andere Disharmonien? Dann lassen Sie es von einem sachkundigen Osteotherapeuten kontrollieren, bevor Sie mit der Ausbildung beginnen. Hat es Blockaden, Muskelverklebungen oder Ähnliches, kann es sich nicht zwanglos auf seine Aufgaben einlassen. Pferde, die trotz solcher Probleme geritten werden, müssen oft mit Druck „angepackt" werden, was besonders sensiblen Pferden oft für ihr ganzes Leben die Freude an der Arbeit mit dem Reiter nimmt.

Fehlende Zwanglosigkeit:
1|2 Das Pferd scheut und bricht aus.
3 Pferd und Reiter sind sich uneinig. Die Körperhaltung zeigt starken Widerwillen an.

- Lassen Sie regelmäßig die Zähne und die Mundhöhle Ihres Pferdes kontrollieren.
- Stellen Sie ein belastbares Vertrauensverhältnis zu Ihrem „Schüler“ her.
- Gewöhnen Sie ein junges Pferd behutsam und mit viel Geduld an seine neue Umgebung, an Sattel und Zaumzeug und an seine neuen Aufgaben. Halten Sie sich besonders bei auffällig lernwilligen Pferden mit dem Lerntempo bewusst zurück.
- Passen Sie das Lerntempo und die tägliche Arbeit immer der Reife, dem Ausbildungsstand und der Tageskondition des jeweiligen Pferdes an.
- Benützen Sie nur passende Ausrüstungsgegenstände.

Haben Sie ein Pferd mit nur leichten Verspannungen, die nicht auf Wirbel- oder Gelenkblockaden zurückzuführen sind, können erfahrene Reiter diese meist selbst durch geeignete Lösungsübungen beheben. Bei immer wiederkehrenden Blockaden kann Ihnen ein guter Osteotherapeut geeignete Übungen zeigen, die Sie selbst mit Ihrem Pferd machen können. Hüten Sie sich aber vor angeblich lösenden starken Flexübungen. Sinnvoll sind nur leichte Dehnungen, niemals aber Überdehnungen. Machen Sie hier keine riskanten Experimente. Sie können nie wissen, ob sich hinter Steifheiten keine ernsthaften Erkrankungen wie z. B. eine Arthrose verbergen.
Weniger erfahrenen Reitern empfehle ich, bei Pferden, bei denen Sie mit Ihren Hilfen ohne Hilfsmittel nicht mehr durchkommen, immer den Rat eines erfahrenen Ausbilders einzuholen. Kann Ihnen dieser nicht zufriedenstellend helfen, so wenden Sie sich an einen guten Osteotherapeuten. Denn benötigen Sie Zwangsmittel, um mit Ihrem Pferd zurechtzukommen, hat es für einen nicht wirklich hervorragenden Reiter keinen Sinn, diese Probleme selbst unter dem Sattel lösen zu wollen. Sie würden die Gesundheit und das Vertrauen Ihres Pferdes aufs Spiel setzen. Unter Zwangsmitteln in diesem Sinne

verstehe ich Hilfszügel wie Ausbinder, Schlaufzügel, aber auch Sporen oder Gebisse mit scharfer Wirkung.

Weitere mögliche Gründe für fehlende Zwanglosigkeit

- Psychischer Stress bzw. fehlende innere Losgelassenheit, oft bei unausgeglichenen, hektischen Pferden. Neben dem Nervenkostüm und Temperament können auch Unsicherheit oder Überforderung Gründe für diesen Zustand sein.
- Haltungsstress (z. B. Bewegungsmangel oder Stress bei Gruppenhaltung von rangniedrigen Pferden).
- Verletzungen und Erkrankungen, insbesondere Muskelerkrankungen.
- Fehlernährung, Vitamin- oder Mineralienmangel bzw. Disharmonie im Vitamin-, Spurenelement- und Mineralienhaushalt.

Zwanglosigkeit kann wie jeder andere Zustand für kurze Zeit verloren gehen, z. B. wenn Pferde sich aufgrund äußerer Umstände oder unzulänglicher Reiterhilfen verspannen. In beiden Fällen ist die Zwanglosigkeit in der Regel sofort wiederhergestellt, sobald sich das Pferd beruhigt bzw. der Reiter seine Hilfen wieder der Situation angepasst hat.
Fehlt die Zwanglosigkeit als Grundzustand des Pferdes, müssen Sie jedoch unbedingt die Ursache finden und beheben.

Unterschiedliche Lösungsansätze je nach Ursache

- Überschüssiges Temperament, viel Bewegungsdrang: Sorgen Sie für genügend Auslauf. Freier Auslauf ist für Psyche und Körper des Pferdes wichtig. Direkt vor dem Reiten können Sie ein solches Pferd ablongieren, um es vor dem Aufsitzen etwas zu lösen.
- Muskelverspannungen, Verklebungen der Faszien, Gelenkblockaden und Ähnliches sollten Sie dem Fachtherapeuten zur Behandlung überlassen. Ein Pferd, dessen Beschwerden so stark sind, dass es nicht mehr zwanglos gehen kann, sollte nicht geritten werden. Stabilisieren Sie ein solches Pferd zuerst durch die nötigen Behandlungen und bauen Sie es dann an der Longe wieder auf, bevor Sie sich in den Sattel setzen. Sprechen Sie die Art der Arbeit mit Ihrem Therapeuten ab.

- Fehlende innere Losgelassenheit, psychischer Stress: Sorgen Sie für ein gutes Vertrauensverhältnis und eine ruhige Arbeitsatmosphäre. Passen Sie Ihr Arbeitstempo und Ihre Art dem Nervenkostüm Ihres Pferdes an. Machen Sie Entspannungsübungen mit Ihrem Pferd (z. B. Kopfsenken, Genickmassagen, Schweifziehen etc.). Überfordern Sie Ihr Pferd nicht. Versuchen Sie einvernehmlich und ohne unnötigen Druck zu arbeiten.
- Sind Verspannungen durch einen schlechten Sitz, eine unzulängliche Einwirkung, falsche Arbeit oder den Einsatz von Hilfszügeln entstanden, sollten Sie die Hilfe eines fähigen Ausbilders in Anspruch nehmen, der Sie an der Sitzlonge und Ihr Pferd unter dem Sattel korrigiert.

Seinen eigenen Sitz zu entspannen, hilft so manchem Pferd, seine Zwanglosigkeit zu finden.

Eines möchte ich Ihnen ans Herz legen. Verspannungen haben meist mehrere Ursachen. Daher reicht es oft nicht, ein Pferd therapieren zu lassen. Oft muss vor allem die Arbeit umgestellt werden. Dazu ist Einsicht nötig. Und ein geeigneter Ausbilder, der die Ursachen erkennt und Ihnen helfen kann, diese zu beseitigen, und keine Symptome korrigiert. Bitte versuchen Sie grundsätzlich, Ihre Arbeit auf anatomischen und biomechanischen Grundsätzen aufzubauen. Und beachten Sie, dass Ihr Pferd ein Ganzes ist. Jedes Puzzlestück muss funktionieren, um zu einem optimalen Ergebnis zu gelangen.

Je aussichtsloser der Fall, desto wichtiger ist dieser Grundsatz. Nur die Zusammenarbeit zwischen Ausbilder, Tierarzt, Therapeut, Pferdedentist, Hufschmied und Sattler, gepaart mit der nötigen Geduld, führt in schwierigen Fällen zu langfristigem Erfolg. Aber es ist dem Pferd gegenüber unfair, sein Gewissen mit einer kleinen Änderung zu beruhigen, und gleichzeitig da, wo echte Selbstkritik und Arbeit gefordert wird, das Handtuch zu werfen. Arbeiten Sie also vor allem auch immer an sich selbst. Das Erkennen gravierender Ausbildungs- und Reiterfehler ist kein Grund, an sich zu zweifeln. Jeder Reiter schlägt gelegentlich einen Irrweg ein, oft auch aus purer Verzweiflung, weil echte Hilfe fehlt. Durch das Erkennen und Eingestehen von Fehlern sind Sie auf dem besten Weg, verantwortungsbewusst reiten zu lernen. Fehler helfen Ihnen, auf Ihrem Weg weiterzukommen. Denn sie provozieren eine unerwünschte Reaktion beim Pferd und nötigen Sie daher, über ein Problem intensiv nachzudenken und aktiv eine Lösung zu suchen. Sie regen Ihre Fantasie an und fordern Sie heraus. Und wenn Sie bereit sind, ernsthaft an sich zu arbeiten, werden Sie solche Fehler auch einen großen Schritt weiter bringen.

Aus Fehlern kann man jede Menge lernen, wenn man die richtige Einstellung dazu hat. Haben Sie daher auch den Mut, unvollkommen zu sein und Fehler zu machen. Ihrem Pferd gegenüber unfair wäre es nur, aus Bequemlichkeit nicht an sich zu arbeiten.

Am schwierigsten ist die Korrektur völlig verrittener Pferde. Ähnelt Ihr Pferd eher einem Panzer als einem locker mitarbeitenden Kollegen, so werden Sie tief in die Trickkiste greifen müssen, um es zur Zwanglosigkeit zurückzuführen. Hier spielt es eine große Rolle, ob das Pferd einmal korrekt ausgebildet wurde und durch korrektes Reiten wieder in seine alte Form gebracht werden kann. Hat es nie gelernt, Hilfen korrekt anzunehmen, sollten Sie mit der Ausbildung ganz von vorne beginnen. Wurde das Pferd gar misshandelt, sollten Sie als Erstes versuchen, jeglichen Druck wegzunehmen. Sie müssen alles dafür tun, dass sich so ein Pferd sicher und behaglich fühlt. Schaffen Sie eine belastbare Vertrauensbasis. Denn Ihr erstes Ziel muss sein, dass es sich entspannt. Erst dann kann es zwanglos gehen.
Dazu können Sie je nach Pferd z. B. gemütliche Ausritte am langen Zügel unternehmen, bis das Pferd anfängt, sich über längere Strecken zu entspannen. Sie spüren dies durch sein tiefes, regelmäßiges Atmen, das entspannte Abschnauben, den locker pendelnden Schweif, seinen fallen gelassenen Hals und das entspannte Ohrenspiel. Ist das Pferd im Gelände schwierig, bieten sich Spaziergänge, Bodenarbeit, Longenarbeit und Ähnliches als Vorarbeit zum Reiten an. In hartnäckigen Fällen kann auch eine mehrmonatige Weidepause nötig sein. Bei der Arbeit unter dem Sattel sollte möglichst wenig mit der Hand eingewirkt werden.
Wichtig bei all diesen Vorbereitungen ist, dass Sie nie Ihr Ziel aus den Augen verlieren: Das Pferd soll lernen, ohne Druck, Stress, Angstgefühle, Unbehagen oder Schmerzen einen Reiter zu tragen. Mehr muss es in diesem Moment nicht lernen, weniger darf es aber auch nicht sein.
Also völlig egal, wie lange es dauert, das Pferd zur Zwanglosigkeit zurückzuführen: Versuchen Sie nie, es gymnastizieren zu wollen, bevor es Ihnen seine Bereitschaft dazu signalisiert, indem es entspannt und vertrauensvoll unter Ihnen geht.

DER TAKT

- 93 Was ist Takt?
- 94 Der Schritt
- 95 Der Trab
- 96 Der Galopp

WAS IST TAKT?

Takt ist das räumliche und zeitliche Gleichmaß in den Schritten, Tritten und Sprüngen der drei Grundgangarten. Er bezeichnet außerdem die korrekte Fußfolge der jeweiligen Gangart. Damit ein Pferd taktrein gehen kann, ist es wichtig, dass es zwar vorwärts, aber niemals übereilt geht. Jedes Pferd muss seinen individuellen Rhythmus finden und in diesem gefördert werden.

Der Takt muss sowohl auf geraden Linien als auch in allen Übergängen und Wendungen erhalten bleiben. Mit Taktfehlern verbundene Übungen und Lektionen sind immer fehlerhaft!

Da auch verspannte Pferde taktrein gehen können, ist der Takt nur in Verbindung mit der Losgelassenheit ein Gradmesser für das Gerittensein eines Pferdes.

Der taktreine Gang, verbunden mit einer guten Rückentätigkeit, vermittelt dem Reiter ein angenehmes Sitzgefühl. Nur ein taktrein gehendes Pferd kann seinen Reiter so in die Bewegung mitnehmen, dass er in diese eintauchen und seine Balance und reiterliche Sicherheit finden kann. Taktmäßige Bewegungen sind außerdem die Voraussetzung für eine kraftsparende Fortbewegung. Ständige Unregelmäßigkeiten im Gang würden Skelett, Muskulatur und Atmung von Pferd und Reiter rasch ermüden.

Taktfehler sind immer ein Hinweis auf ein schwerwiegendes Problem. Als Ursachen kommen nebst gesundheitlichen Problemen auch gravierende Ausbildungsfehler sowie Einwirkungsfehler des Reiters in Frage.

Um den Takt beurteilen zu können, müssen Sie die Fußfolgen der verschiedenen Gangarten kennen. Neben der korrekten Fußfolge soll jeder Schritt, Tritt oder Sprung desselben Tempos (Versammlung, Arbeitstempo, Verstärkung) im selben Rhythmus ausgeführt werden und den gleichen Raumgewinn zeigen. Im Schritt und Trab muss darüber hinaus die Trittlänge beider Hinterbeine gleich sein (vergleiche die Natürliche Schiefe).

DER SCHRITT

Die korrekte Fußfolge im Schritt zeigt folgendes Bild: Beginnend mit dem rechten Hinterbein folgt das rechte Vorderbein. Dann das linke Hinterbein und das linke Vorderbein. Da es keine Schwebephase gibt, ist der Schritt keine schwunghafte Gangart im eigentlichen Sinn. Wohl aber soll sich der Rücken des Pferdes auch im Schritt der Bewegung entsprechend aufwölben, um einen guten Raumgriff und elastisches Schreiten zu gewährleisten.

Schritt kommt von Schreiten.

Korrekter Schritt ist stets als klarer Viertakt erkennbar und auf hartem Boden auch hörbar. Er soll schreitend, raumgreifend und fleißig sein. Treiben Sie ein faules Pferd im Schritt zu stark vorwärts, besteht insbesondere bei rückwärts wirkender Hand die Gefahr, dass die Schritte eilig und kurz werden oder sich Gangfehler entwickeln. Um den Schritt zu beurteilen, lassen Sie sich das Pferd geradeaus auf hartem Boden vorführen. Am besten erkennen Sie den Takt mit geschlossenen Augen. Hören Sie einen klaren, regelmäßigen Viertakt? Oder eher einen Zweitakt? Bei gravierenden Unregelmäßigkeiten wäre sicherlich ein Tierarzt beizuziehen, da es sich vermutlich um eine Lahmheit handeln würde. Bei deutlichem Zweitakt (Passgang) sollten Sie den Rücken des Pferdes untersuchen und vorhandene Blockaden lösen lassen. Tritt dieser Zweitakt allerdings nur unter reiterlicher Einwirkung auf, wäre es sinnvoll, das Pferd im

1 **Schritt im klaren Viertakt. Das gleichseitige Beinpaar wird mit kurzer Verzögerung vorgeführt.**
2 **Lösen des Pferdes im Schritt durch das Schreiten lassen in korrekter Vorwärts-Abwärts-Dehnung.**

Schritt nur am hingegebenen Zügel (also ohne Handeinwirkung) und mit eher passiv treibenden Hilfen zu reiten, bis sich der Takt wieder verbessert.
Ein einfühlsamer Reiter kann versuchen, den Rücken zu lösen, indem er das Pferd in leichter Dehnung vorwärts-abwärts schreiten lässt. Entscheidend dabei ist, dass die Nickbewegung des Pferdes zugelassen wird.

Der Schritt gilt nicht umsonst als die schwierigste Gangart für das Pferd. Hier schleichen sich die häufigsten und hartnäckigsten Gangfehler ein. Der klare Viertakt ist nur möglich, wenn der Strang des Langen Rückenmuskels, der dem jeweils vortretenden Hinterbein zugeordnet ist, sich wechselseitig entspannen kann. Dazu muss die Nickbewegung des Halses zwingend zugelassen werden und es darf keinerlei Störung der Rückentätigkeit vorliegen.

DER TRAB

Im Trab fußen die diagonalen Beinpaare abwechselnd gleichzeitig ab bzw. auf. Dazwischen entsteht eine Schwebephase. Deshalb gehört der Trab zu den schwunghaften Gangarten. Bei übertriebenem Vorwärtsreiten oder einem Abstützen des Pferdes auf der Reiterhand kann der Trab aufgrund des Balanceverlustes viertaktig werden.

Im taktreinen Trab befinden sich die diagonalen Beinpaare stets in derselben Bewegungsphase.

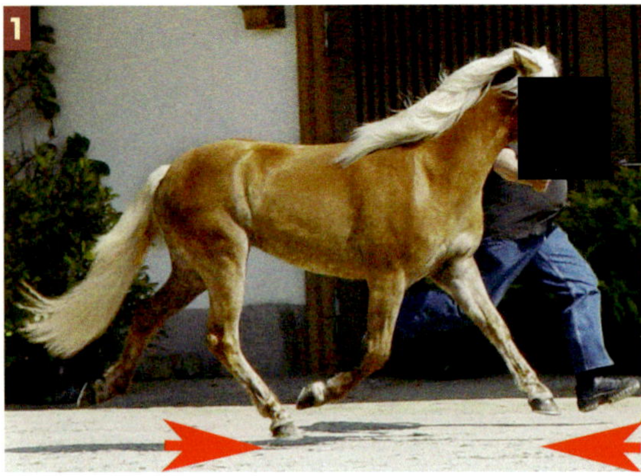

1 Das übereilte Tempo führt zu viertaktigem Strampeln.
2 Hier ist die diagonale Fußfolge gebrochen.

Lassen Sie sich Ihr Pferd von jemandem vortraben, falls Sie das Gefühl haben, dass mit dem Takt etwas nicht stimmt. Achten Sie neben dem zweitaktigen Fußen auch darauf, dass der Gang nicht allzu flach ist und alle Beine gleich hoch vom Boden abgehoben werden. Der Vortritt beider Hinterbeine soll gleich lang sein. Wenn Sie von hinten schauen, hebt und senkt sich die Kruppe auf beiden Seiten gleich stark.

DER GALOPP

Die Fußfolge als Beispiel im Rechtsgalopp: Das Pferd beginnt mit dem linken Hinterbein. Dann folgt das diagonale Beinpaar rechts hinten und links vorne gleichzeitig. Anschließend fußt das rechte Vorderbein auf. Zum Schluss folgt die Schwebephase. Damit gehört auch der Galopp zu den schwunghaften Gangarten. Er soll grundsätzlich als klarer Dreitakt, gefolgt von einer Schwebephase, erkennbar sein. Diese Schwebephase ist allerdings nicht bei allen Pferden gleich ausgeprägt. Ein guter Galopp sollte bergauf gesprungen werden. Ein flacher Galopp ist sehr schwierig wegzureiten.
Die häufigsten Fehler im Galopp sind Viertakt (Auseinanderfallen der Zweibeinstütze), eine fehlende Schwebephase (Rollgalopp) sowie eilige, flache Sprünge. Diese Fehler treten auffällig häufig bei Pferderassen auf, die ursprünglich für den Fahrsport gezüchtet wurden.

Weggeritten können sie nur werden, wenn das Pferd einwandfrei losgelassen über den Rücken galoppiert. Kreuzgalopp ist dagegen meistens eine Folge grober Einwirkungsfehler oder von Rückenbeschwerden. Bei all diesen Fehlern kommt das Pferd auf die Vorhand, was eine Korrektur erschwert, aber auch umso nötiger macht. Wie in allen Gangarten nimmt das Pferd seinen Reiter erst schön mit in die Bewegung, wenn es rund und taktmäßig über den Rücken galoppiert.
Taktfehler zu beheben kann mitunter eine knifflige Aufgabe sein. Taktfehler im Trab sind immer ein Hinweis auf eine Lahmheit. Diese kann aber, tritt sie hinten auf, durchaus vom Rücken herkommen. Taktfehler im Schritt und Galopp sind fast immer die Folge eines zu wenig losgelassenen Rückens und/oder fehlerhafter Einwirkung des Reiters. Eine weitere Ursache kann ungleiches Vortreten der Hinterbeine bei ausgeprägter Schiefe des Pferdes sein.
Treten Taktfehler erst unter dem Reiter auf, muss dieser sich von einem erfahrenen Ausbilder korrigieren lassen. Ursache kann zu starkes Treiben, vor allem ein Schieben mit dem Becken sein. Besonders schlimm wirkt sich dieses bei rückwärts wirkender Hand aus. Der Gang wird zuerst kürzer und abgehackt. Je stärker das Pferd auf die Vorhand kommt, desto mehr wird es seinen Takt verlieren. Riegeln mit den Händen kann ebenfalls zu Taktverlust führen. Gestatten Sie Ihrem Pferd die der Gangart entsprechende Nickbewegung und reiten Sie grundsätzlich mit gefühlvoller Hand.
Ist die Natürliche Schiefe des Pferdes derart ausgeprägt, dass es untaktmäßig geht, sollten Sie es von einem Osteotherapeuten behandeln lassen. Ursache kann ein Beckenschiefstand oder Ähnliches sein. Hier am falschen Ort zu sparen, kann fatale Folgen haben. Ein derart schiefes Pferd belastet sich und seinen Reiter falsch, was bei beiden Partnern zu gesundheitlichen Schäden führen kann. Außerdem bildet sich

Im Rechtsgalopp:
1 **Stütz- und Abschubphase des äußeren Hinterbeines**
2 **Zweibeinstütze inneres Hinterbein – äußeres Vorderbein**
3 **Auffußen inneres Vorderbein**

die Muskulatur ungleich aus. Dadurch verstärkt sich die Schiefe immer mehr. Selbst die Polsterung des Sattels wird dadurch mit der Zeit so ungleich, dass der Sattel unbrauchbar werden kann. Selbstverständlich sind vorhandene Rückenprobleme, so weit möglich, behandeln zu lassen. Da betroffene Pferde aber meistens nicht von einem Tag auf den anderen über den Rücken gehen können, müssen Sie ihnen helfen. Erarbeiten Sie geduldig und konsequent die Dehnungsbereitschaft Ihres Pferdes, und stellen Sie einen Kandidaten, der sich gerne im Rücken festhält, lieber ein wenig zu tief ein

Im Rechtsgalopp:
1 **Schwebephase bei einem Pferd mit recht flachem Arbeitsgalopp**
2 **Sehr ausgeprägte Schwebephase bei guter Galoppqualität (Mittelgalopp)**

(aber auf keinen Fall eng!). Mit der Zeit werden Sie spüren, wie das Pferd besser vortritt, regelmäßiger atmet und seinen Rücken hergibt. Taktfehlern im Galopp begegnen Sie durch frisches Vorwärtsgaloppieren auf großen Linien (Zirkel oder ganze Bahn). Das Tempo darf während dieser Phase nur insofern reguliert werden, als dass das Pferd nicht eilig wird und aus dem Gleichgewicht gerät. Ansonsten ist abzuwarten, bis das Pferd seinen Takt gefunden hat, fleißig von hinten über den Rücken springt und rund wird. Erst dann darf der Galopp durch weiche Paraden vorsichtig gesetzt werden. Pferde, die aufgrund der Balanceprobleme im Galopp zu Hektik neigen, sollten zwischendurch wieder im Trab oder Schritt zur Ruhe gebracht werden. Sehr gut lösend wirken Übergänge zwischen Trab und Galopp. Hüten Sie sich bei taktgefährdeten Pferden vor engen Wendungen, solange der Takt nicht gesichert ist!

LOSGELASSENHEIT UND DEHNUNGSBEREITSCHAFT

- 100 Was ist Losgelassenheit?
- 103 Wie erreichen Sie Losgelassenheit?
- 105 Das Pferd stellen
- 107 Schenkelweichen
- 108 Dehnungsbereitschaft
- 115 Lösungsansätze für Problemfälle

WAS IST LOSGELASSENHEIT?

Unter Losgelassenheit versteht man das ***zwanglose und unverkrampfte An- und Abspannen der Muskulatur*** des Pferdes. Dazu müssen die taktmäßigen Bewegungen über den elastisch schwingenden Rücken gehen. Losgelassen ist ein Pferd, wenn der Spannungszustand seiner Muskulatur für die jeweils zu verrichtende Arbeitsleistung optimal ist. Der Muskeltonus ist also beispielsweise bei lösender Arbeit tiefer als in hoher Versammlung.

Im Gegensatz zur angeborenen Zwanglosigkeit wird die Losgelassenheit durch Impulse des Reiters initiiert, und zwar in dem Moment, wenn das Pferd eine erste leichte Anlehnung sucht und der Reiter zum Treiben kommt. Dann fangen die Muskeln des Pferdes an, kräftiger an- und wieder abzuspannen. Sie spüren den Übergang von der Zwanglosigkeit zur Losgelassenheit daran, dass Sie das Pferdemaul deutlicher spüren, weil das Pferd den Hals vorwärts-abwärts an Ihre Hand herandehnt. Gemeint ist damit aber keineswegs, dass sich das Pferd auf Ihrer Hand abstützt. Was Sie spüren sollten, ist im Idealfall lediglich das zufrieden kauende Maul des Pferdes und etwas, das sich wie ein leichter Zug seiner gedehnten Nackenmuskeln anfühlt. Manche Pferde suchen sich aber am Anfang tatsächlich etwas „Stütze" auf der Reiterhand, um sich besser auszubalancieren. Wichtig ist auch in solchen Fällen, dass die Verbindung weich-federnd bleibt und die Paraden nicht im Pferdemaul versanden.

Ein Pferd in Losgelassenheit streckt seine Wirbelsäule und dehnt die Muskeln. Durch den Zug der Gesäßmuskulatur an den großen Hankengelenken beginnt es, sich in den Hanken zu beugen. Deshalb ist losgelassenes Gehen für das Pferd recht anstrengend. Pferde brauchen einige Übung, um sich einerseits in kurzer Zeit loslassen und andererseits während längerer Zeit in Losgelassenheit gehen zu können. Außerdem erhöht sich die Qualität der Losgelassenheit mit zunehmender Gymnastizierung wesentlich. Tritt das Pferd mit zwar fallen gelassenem Hals, aber ungebeugten Hanken, so lässt es sich zu wenig los und wölbt auch den Rücken nicht wie gewünscht auf. Meistens suchen sich solche Pferde eine recht deutliche Stütze auf Ihrer Hand.

Losgelassenes An- und Abspannen der Muskulatur ist die Voraussetzung für die Dehnungsbereitschaft des Pferdes. Im Prinzip kann man Losgelassenheit und Dehnungsbereitschaft praktisch gleichsetzen. Beides muss vom lockeren Vorwärts-Abwärts-Reiten bis zur höchsten Versammlung unbedingt erhalten bleiben. Denn nur ein losgelassenes Pferd ist in der Lage, sich entspannt, locker und willig unter seinem Reiter zu bewegen. Die Muskulatur kann nur bei einem losgelassenen Pferd physiologisch arbeiten. Das bedeutet, dass Losgelassenheit langfristig für die körperliche, aber auch für die seelische Gesundheit des Pferdes unabdingbar ist.

Die Merkmale der Losgelassenheit beim korrekten Vorwärts-Abwärts-Reiten:

- Nase bleibt an oder leicht vor der Senkrechten;
- Nackenmuskulatur arbeitet losgelassen, daher wirkt der Oberhals gleichmäßig rund und leicht verlängert;
- Unterhalsmuskulatur bleibt ohne aktive Aufgabe!
- Rücken wölbt sich auf;
- Hinterhand tritt fleißig unter den Schwerpunkt. Hier beim Vorfußen ist die deutliche Beugung von Hüft- und Kniegelenk zu sehen.

Losgelassenheit ist die Voraussetzung für jede weitere Ausbildung und in jeder einzelnen Übungsstunde für die aufbauende Arbeit.

Losgelassenheit in Vorwärts-Abwärts-Haltung

1 Das Pferd geht zwar locker, hat sich aber noch nicht ganz losgelassen. Der Hals dehnt sich erst zaghaft an die Hand heran.
2 Hier beginnt die Losgelassenheit.

Ein losgelassenes Pferd bewegt sich natürlich und taktmäßig. Es tritt über den Rücken und dehnt sich vertrauensvoll an die leicht anstehende Reiterhand heran. ***Dadurch entsteht ein Spannungsbogen, mit dem der Reiter praktisch beliebig arbeiten und Rahmen und Haltung des Pferdes verändern kann.*** So lässt sich das Pferd nach Belieben formen. Das losgelassene Pferd eilt niemals, sondern lässt sich unter seinen Schwerpunkt treiben. Damit wird jeder Schritt, Tritt oder Sprung kontrollierbar.

Für den Betrachter ist die Losgelassenheit auch gut erkennbar am zufriedenen Gesichtsausdruck (Augen, Ohrenspiel), dem kauenden Maul und dem locker pendelnden Schweif.

1 Losgelassen in korrekter Vorwärts-Abwärts-Dehnung.
2 Losgelassen im Arbeitsgalopp.

Die Losgelassenheit kann aus denselben Gründen fehlen oder mangelhaft sein wie die Zwanglosigkeit. Muskelverspannungen, Gelenkblockaden, Schmerzen, Balanceprobleme, eine ausgeprägte Schiefe, Angst, Nervosität, innere Unruhe, Überforderung, Druck, Unsicherheit, unpassendes Sattelzeug oder ein störender Reiter sind einige mögliche Gründe. Ich habe bereits in den Kapiteln „Zwanglosigkeit" und „Takt" darauf hingewiesen, worauf Sie bei der Suche nach den Ursachen achten sollten. An dieser Stelle möchte ich einmal mehr betonen, dass Sie ohne Losgelassenheit mit Ihrem Pferd niemals wirklich weiterkommen werden. Suchen Sie also auf jeden Fall sämtliche Ursachen mangelnder Losgelassenheit und beseitigen Sie diese, so weit es möglich ist.

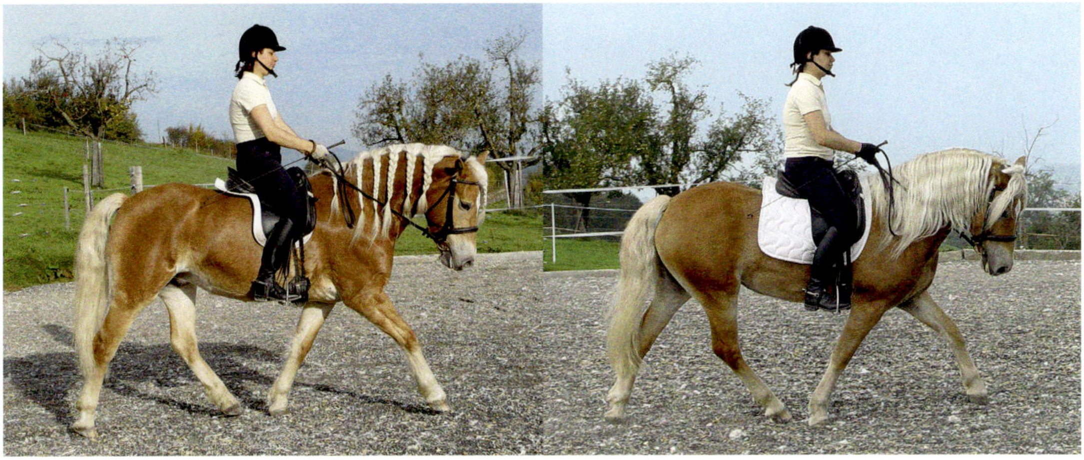

Losgelassen im Arbeitstrab

WIE ERREICHEN SIE LOSGELASSENHEIT?

Sie haben gesehen, dass Kopf und Hals des Pferdes automatisch in die richtige Position fallen, sobald das Pferd seine Nacken- und Genickmuskeln entspannt. Zur Losgelassenheit gehört zudem ein entspannter Kiefer. Für das Aufwölben und die korrekte Tätigkeit des Rückens ist das lockere Durchschwingen der Hinterbeine nötig. Sind all diese Muskelpartien locker, haben Sie Ihren oberen Spannungsbogen zusammen und Ihr Pferd lässt sich zwischen Ihren Hilfen formen.

Grob unterteilt gibt es zwei Typen Pferde. Die harmonischen, die ein gutes seelisches und körperliches Gleichgewicht haben und meist von Natur aus sehr geschmeidig sind. Sie lassen sich von Anfang an in einem zwar fleißigen, aber ruhigen Tempo reiten, sodass Sie leicht zum Treiben kommen. Bei diesen können Sie am langen Zügel zuerst im Schritt, nach der Aufwärmphase im Trab arbeiten. Nach kurzer Zeit werden Sie spüren, wie Ihnen beim Leichttraben der Pferderücken entgegenkommt. Ihr Pferd wird den Hals fallen lassen und den leichten Kontakt zu Ihrer Hand suchen.
Bei diesen Pferden brauchen Sie nichts weiter zu tun, als mit treibenden Hilfen die Hinterhand aktiv zu halten und mit gefühlvollen Paraden das Tempo zu regulieren. Dies reicht, um den oberen Spannungsbogen zu erarbeiten und zu erhalten. Ansonsten versuchen Sie, das Pferd so wenig wie möglich in seinem Takt und Rhythmus zu stören.

Der andere Typ Pferd gehört zu den vielen, die sich nicht von selbst lösen können oder aber dafür sehr viel Zeit benötigen. Als Gründe kommen in Frage:

- Exterieurmängel;
- Interieurmängel, wie ein schwieriges Nervenkostüm, mangelnde innere Losgelassenheit;
- Unsicherheit, Ängste;
- Anspannungen, gesundheitliche Probleme.

Störende Faktoren wie den Reiter oder unpassende Ausrüstungsgegenstände möchte ich an dieser Stelle bewusst ausklammern, da Sie für diese Fälle ja bereits hinreichend Ratschläge bekommen haben.
Sie könnten bei einem solchen Pferd natürlich abwarten, bis es sich – vielleicht – irgendwann von selbst löst. Bis es so weit ist, geht es jedoch mit unphysiologisch arbeitender Muskulatur, festem Rücken und auf der Vorhand. Da dies nur zu weiteren Anspannungen führt, müssen Sie dem Pferd helfen, mit sich und dem Reitergewicht klarzukommen und seinen Körper richtig einzusetzen.
Sie erinnern sich? Jedes Problem, das beim Reiten auftaucht, wirkt sich direkt oder indirekt auf den Pferderücken aus. Und jedes Pro-

blem, jede Undurchlässigkeit im Pferderücken, spüren Sie als sensibler Reiter im Genick Ihres Pferdes. Ihre Aufgabe ist also einerseits, die Hinterhand so zu aktivieren, dass der Rücken die Chance bekommt, physiologisch zu arbeiten. Außerdem müssen Sie die Genick- und Kaumuskeln Ihres Pferdes lösen bzw. entspannen. Dies geschieht in der Regel dadurch, dass Sie Ihr Pferd stellen.

DAS PFERD STELLEN

Wenn Sie ein Pferd korrekt stellen, dehnen Sie die jeweils äußere Genickmuskulatur sowie einen Teil der oberen Nackenmuskeln. Die innere Seite darf dabei nicht eng gemacht werden. Wird diese minimale Dehnung auf beiden Händen immer wieder gefordert, reicht dies normalerweise aus, um die Genickmuskeln zu entspannen. Voraussetzung ist, dass das Pferd dabei fleißig an die Hand herantritt und sich nicht im Genick verkantet.
Laden Sie Ihr Pferd immer wieder dazu ein, in leichter Stellung zu gehen, vor allem, wenn es nicht von Grund auf völlig locker ist. Dazu behalten Sie den äußeren Zügel weich am Pferdemaul (natürliche Halsbewegungen des Pferdes zulassen). Dies bewirkt, dass Ihr Pferd nicht einfach den Kopf schief hält, sich verwirft oder über seine äußere Schulter wegrutscht, sondern seine äußere Muskulatur dehnt.

So effizient wirkt die Stellung (hier im Stehen demonstriert): Links steht das Pferd zwar am Gebiss, jedoch ist die Halsmuskulatur nicht locker. Das leichte Stellen nach rechts führt zum sofortigen Entspannen des Genicks und Fallen lassen des Halses. Zwischen den Fotos liegt eine halbe Sekunde.

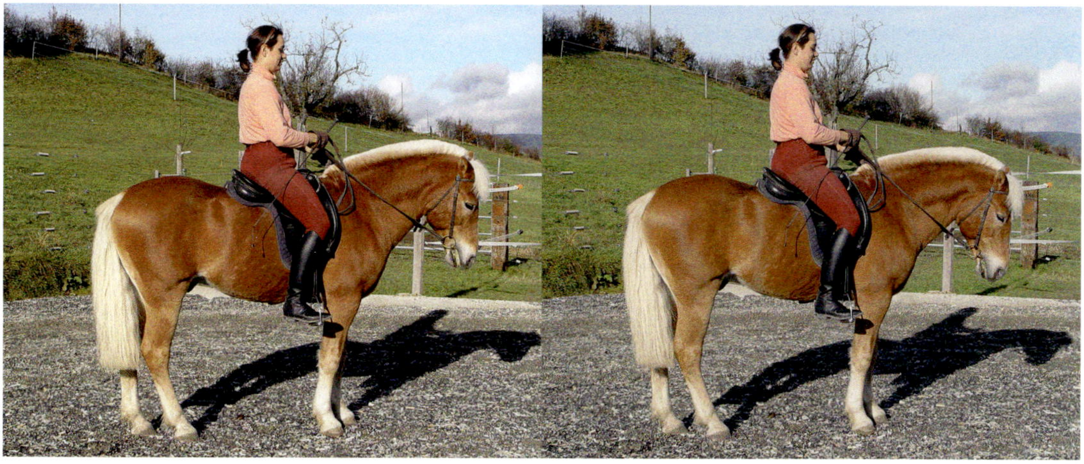

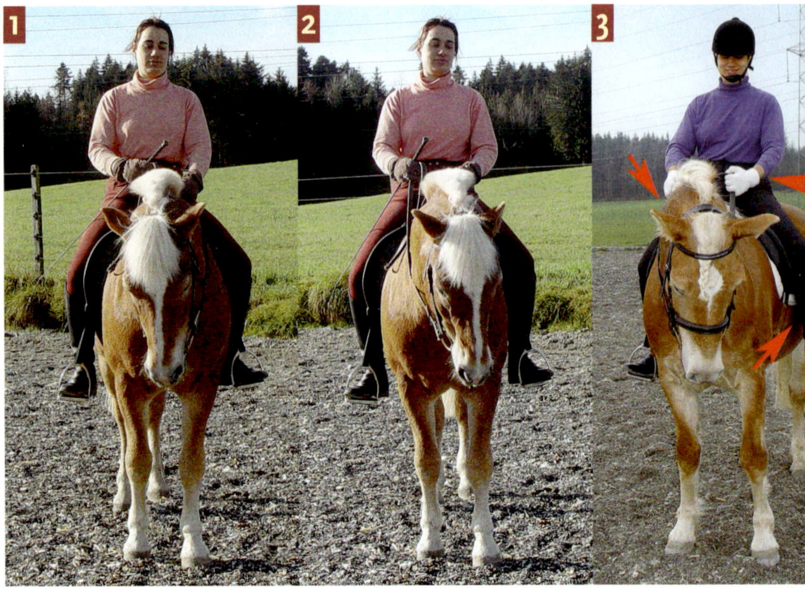

1 Stellung im Genick
2 Zum Lösen kann es auch sinnvoll sein, etwas über die reine Stellung im Genick hinauszugehen.
3 Achten Sie auf die Hilfengebung (hier ist das Pferd zusätzlich im Hals gebogen. Dies sollten Sie nicht übertreiben, weil das Pferd in der Bewegung schief werden kann. Zum Lösen der äußeren Muskulatur kann diese geringfügige Halsbiegung aber für kurze Augenblicke eingesetzt werden).

Am inneren Zügel stellen Sie Ihr Pferd, indem Sie Ihre Zügelfaust leicht schließen und dann wieder in Richtung Pferdemaul öffnen. Gleichzeitig sorgt Ihr innerer Schenkel dafür, dass Ihr Pferd an den äußeren Zügel herantritt, und Ihr äußerer Schenkel verhindert ein Ausweichen der Hinterhand. Dadurch wird Ihr Pferd nachgiebig im Genick. Sobald sich die Genickmuskeln entspannen, kann auch der Kiefer locker werden. Ihr Pferd beginnt weich im Maul zu kauen.

1 Hier wird die Ecke ausgenützt, um das Pferd zu stellen und dadurch zu lösen.
2 Keine Stellung, sondern starkes Rückwärtsziehen am inneren Zügel. Der Hals wird verdreht, nicht gedehnt.

Da Sie Ihr Pferd keinesfalls durch die Stellung innen eng machen dürfen, ist ein Rückwärtsziehen am inneren Zügel tabu. Es würde nur Kiefer und Zunge des Pferdes versteifen und seinen Widerstand provozieren. Sie können aber im Bedarfsfall die Hand leicht nach innen führen. Der äußere Zügel darf bei dieser Übung nicht fehlen, aber auch nicht so fest sein, dass das Pferd sich gar nicht stellen lassen kann.

SCHENKELWEICHEN

Eine weitere lösende Übung ist das Schenkelweichen. Ihr Pferd tritt dabei zwar an seinem Schwerpunkt vorbei. Es hilft Ihnen aber, sich mit dem Zusammenwirken der seitwärts weisenden Hilfen vertraut zu machen und die Stellung des Pferdes zu verbessern. Auch Ihr Pferd machen Sie am besten im Schenkelweichen mit dem seitwärts wirkenden Schenkel bekannt. Hierzu bewegt sich Ihr Pferd in einem Winkel von maximal 45 Grad zur Bande. Wie der Name schon sagt, weicht das Pferd Ihrem Schenkel.
Auf der linken Hand stellen Sie Ihr Pferd dazu nach rechts zur Bande und veranlassen es mit Ihrem rechten Schenkel, mit seinem rechten Hinterfuß seitwärts unter seinen Körper zu treten. Um dabei die Vorwärtstendenz bzw. das gleichmäßige Vorwärts-Seitwärts zu

Schenkelweichen auf rechter und linker Hand.

sichern, treibt Ihr rechter Schenkel seitwärts, während Ihr linker Schenkel die Vorwärtstendenz aufrechterhält. Ihr seitwärts treibender Schenkel verhindert auch ein Ausfallen der Hinterhand. Wichtig ist das Erhalten der Vorwärtstendenz sowie gleichmäßiges Übertreten auf beiden Händen. Diese Lektion wirkt übrigens auch gut lösend bei Pferden, die im Beckenbereich verspannt sind.

DEHNUNGSBEREITSCHAFT

Ist erst das Genick entspannt, lässt das Pferd automatisch den Hals besser fallen und folgt Ihrer nachgebenden Hand zunächst in die Tiefe. Es sucht dort eine konstante Anlehnung. Diese gestatten Sie, indem Sie jede natürliche Halsbewegung mit weicher Hand begleiten. Versuchen Sie diese Bewegungen zunächst nicht zu beschränken. Dies darf erst bei weit fortgeschrittener Ausbildung des Pferdes und nur bis zu einem gewissen Grad geschehen. Beachten Sie wie immer, dass Ihre Hand nach jeder Parade nachgeben muss. Und vor allem: Erlauben Sie Ihrem Pferd auch, seinen Hals zu dehnen, sobald es sich dazu bereit erklärt! Denn ein häufiger Fehler ist, dass der Reiter im Moment, in dem sich das Pferd dehnen möchte, mit der Hand hängen bleibt. Insbesondere mit der inneren. So kann das Pferd die Parade nicht durchlassen und auch nicht Ihrer nachgebenden Hand folgen. Jede solche Parade ist vergebliche Liebesmühe.

1 **Das noch angespannte Pferd darf bei ganz leicht anstehendem Zügel seinen Stallunmut loswerden, bis es sich treiben lässt.**

2 **Da zu wenig Dehnungsbereitschaft vorhanden ist, wird der Rahmen vom Reiter vorgegeben. Ohne gut untertretende Hinterhand wäre die Übung jedoch sinnlos. Die Muskulatur muss einen Anreiz bekommen, sich zu dehnen.**

Fordern Sie nun die Hinterhand weiterhin zu fleißigem Untertreten auf, werden Sie beim Leichttraben spüren, wie Ihnen beim Hinsetzen der Rücken des Pferdes verstärkt entgegenkommt. Es fängt an, seinen Rücken loszulassen und nach oben zu schwingen. Sie haben nun erfolgreich Ihr Pferd dazu gebracht, seine Wirbelsäule zu strecken und seine Nacken-, Rücken- und Gesäßmuskeln zu dehnen. Dabei wölbt es seinen Rücken auf und dehnt den Hals vorwärts-abwärts. Ihr Pferd zeigt sich losgelassen und dehnungsbereit. Herzlichen Glückwunsch!

Regelmäßige Arbeit in dieser Haltung löst und kräftigt die Oberlinie des Pferdes. Durch sie entsteht die Muskulatur, die das Pferd erst zum tragfähigen „Reitpferd" macht. ***Bitte beachten Sie, dass der Aufbau und die Kräftigung dieser tragfähigen Oberlinienmuskulatur beim Jungpferd leicht 18 – 24 Monate unspektakulärer, gewissenhafter Arbeit in Anspruch nehmen kann.*** Bei schwierigerem Körperbau oder problematischer Vorgeschichte kann es unter Umständen schon Monate dauern, bis sich ein Pferd bereit erklärt, eine erste, angenehme Anlehnung an die Reiterhand zu suchen. ***Diese Arbeit ist aber unbedingt notwendig und kann durch nichts abgekürzt werden!***

Gibt Ihr Pferd trotz Einfordern einer leichten Stellung nicht nach, sollten Sie es eine Weile lang betont an den äußeren Zügel heranreiten. Werden Sie dabei aber außen nicht fest. Bleiben Sie mit der inneren Hand weich, versuchen Sie immer wieder, eine leichte Stellung zu erreichen, und gestatten Sie Ihrem Pferd, seinen Hals fallen zu lassen. Wenn das nicht funktioniert, so kann Ihnen folgende Übung helfen. Halten Sie mit Ihrem äußeren Zügel ein paar Tritte lang durch (der innere Zügel soll dabei leicht anstehen oder darf gegebenenfalls auch etwas durchhängen). Dabei darf ruhig Außenstellung entstehen. Es macht auch nichts, wenn Ihr Pferd etwas unwillig auf diese wenig geschmeidige Zügelhilfe reagiert. Sie treiben Ihr Pferd während dieses Gegenhaltens energisch mit dem inneren Schenkel an Ihren äußeren Zügel heran. Nach einigen Tritten Durchhalten gehen Sie betont mit beiden Händen vor. Achten Sie besonders darauf, dass Sie auch mit der inneren Hand nicht hängen bleiben und das Pferd bei der Dehnung stören. Die meisten Pferde folgen nämlich sofort der nachgebenden Hand in die Tiefe. Selbst Pferde, die im Genick leicht verkantet sind, lassen zumindest eine gewisse Dehnung vorwärts-abwärts zu. Falls nicht, versuchen Sie es noch einmal. Der Clou an dieser Übung ist weder, dass Sie in Außenstellung reiten, noch dass Sie anfangen, mit der Hand gegen die Bewegung Ihres Pferdes zu arbeiten. Der Sinn und Zweck der Übung ist, dass Sie lernen, eine durchhaltende Parade und ihre Wirkung zu fühlen, nämlich das Nachgeben des Pferdes. Andererseits gibt eine solche Parade Ihrem Pferd einen Muskelimpuls. Die Muskeln werden für einige Tritte in ihrer Dehnung behindert, sodass Ihr Pferd seinen Hals auf Ihr Nachgeben hin mit Freude strecken wird. Dies ist keine Trainingsmethode, die Sie ohne Grund an gesunden, geschmeidigen Pferden anwenden sollten. Sie hilft aber Ihnen, die Wirkung korrekter Paraden zu erspüren, und jedem Pferd, das Schwierigkeiten hat, sich loszulassen.

Pferde, die sich gerne festhalten, nur wenig Dehnungsbereitschaft zeigen und auch am langen Zügel mit hohem Hals gehen, brauchen einen stärkeren Anreiz, sich zu dehnen und zu strecken. Lassen Sie solche Pferde zu Beginn bei ganz weicher Hand ihren Stallunmut ausleben. Sobald sich das Pferd treiben lässt, aktivieren Sie die Hinterhand und geben hier ausnahmsweise den Rahmen mit weicher Hand vor. Damit Sie sich keinesfalls festziehen, arbeiten Sie mit vielen Paraden und stellen Ihr Pferd immer wieder leicht, so weit es dies bereits zulassen kann. Reicht dieser Anreiz nicht, um das Pferd zu motivieren, seinen Hals fallen zu lassen, dürfen Sie es ausnahmsweise energisch gegen den vermehrt anstehenden äußeren Zügel treiben und dabei auch in Kauf nehmen, dass der Rahmen etwas zu eng wird und die Nase hinter die Senkrechte kommt. Denn das Pferd ist ja noch fest in Rücken und Genick und kann sich deshalb ohne Ihre Hilfe nicht dehnen. Ein leichtes Gegenhalten mit anschließendem Nachgeben kann der Muskulatur den nötigen Impuls geben, sich zu dehnen. Aber Achtung: Jede starre Zügelführung würde die Genickmuskulatur noch mehr versteifen! Bitte beachten Sie auch bei dieser Übung, dass das Pferd weder in seiner Muskeltätigkeit noch in seiner freien Atmung eingeschränkt und keinesfalls mit Kraft tief eingestellt werden darf. Belohnen Sie jede Tendenz des Pferdes, seinen Hals in die Tiefe zu strecken, sofort durch das deutliche Nachgeben mit der Hand. Laden Sie Ihr Pferd ein, seinen Hals zu dehnen und seine Muskeln schwingen zu lassen!

Ihr Pferd soll grundsätzlich lernen, sich in zwei Richtungen zu dehnen. Einmal über seine obere Linie (entspricht auf der Ausbildungsskala der Losgelassenheit). Dadurch vergrößern sich die Abstände in den Zwischenwirbelgelenken. Dies ermöglicht dem Pferd später, sich auch in seiner Längsachse zu biegen. Dadurch entsteht dann die Dehnung der äußeren Muskulatur (dies entspricht geraderichtenden Übungen).

Eine korrekte Dehnung erkennen Sie daran, dass Sie einen ganz leichten Zug auf Ihrem Zügel spüren. Und zwar keinen Widerstand des Pferdemauls, sondern den feinen Zug der gedehnten Muskeln. Also der oberen Muskeln sowie beim Reiten in Stellung oder Biegung der äußeren Muskeln. Haben Sie hingegen „nichts in der Hand", sind Sie definitiv auf dem Holzweg!

Da die Reihenfolge also immer lauten muss: Dehnung (der oberen Linie) vor Biegung (der Längsachse), haben Sie bisher nur mit einer leichten Stellung gearbeitet. Denn Ihr Pferd, das Mühe hatte, den Hals fallen und seinen Rücken schwingen zu lassen, hätte sich gar nicht korrekt in seiner Längsachse biegen können. Aber die leichte Dehnung seiner äußeren Muskulatur hat ihm geholfen, sich im Genick und Rücken zu entspannen.

Also nochmals: Was Sie erreichen wollten, ist nichts anderes als das rhythmische An- und Abspannen der Muskulatur Ihres Pferdes, insbesondere der oberen Muskeln (Nacken, Rücken, Gesäß). Dadurch dehnt sich Ihr Pferd an Ihre Hand heran. Seine Dehnungsbereit-

1 **Hier beginnt die ehrliche Dehnungsbereitschaft. Über die nächsten Monate wird diese verbessert, bis das Pferd dem verlängerten Zügel jederzeit in die Tiefe folgt.**

2 **In hartnäckigen Fällen können Sie die innere Hand nach innen führen und dort Ihre stellenden Paraden geben. Denken Sie ans Nachgeben. Ziel ist immer das Lösen, nie das „aktive" Positionieren des Halses.**

Bei schlechter Rückentätigkeit oder schlaffer Muskulatur dürfen Sie die Schubkraft des Pferdes gegen den tief eingestellten Hals wirken lassen, bis der Muskeltonus das Aufwölben und korrekte Schwingen des Rückens erlaubt.

schaft verbessert sich über Wochen und Monate hinweg stetig. Wenn diese optimiert ist, können Sie mit Rahmen und Haltung Ihres Pferdes jederzeit nach Belieben spielen.

Beachten Sie bei allen Pferdetypen, dass sie sich nur loslassen können und losgelassen bleiben können, wenn Sie ein passendes Grundtempo haben. In sehr ruhigem Tempo kann die Muskulatur zwar durchaus sehr effizient arbeiten und sich gut lösen. Beim Reiten laufen Sie in zu ruhigem Tempo jedoch massiv Gefahr, dass Sie anfangen, zu viel mit der Hand zu arbeiten und Ihr Pferd zu wenig unter seinen Schwerpunkt zu treiben.

Eiliges Tempo ist gleichbedeutend mit unkontrollierter Schubkraft. Diese führt automatisch zu Balanceverlust. Das eilende Pferd sucht sich dann auf Ihrer Hand eine Stütze. Dabei wird sein Rücken fest und es fällt auf seine Vorhand. Ihr Pferd muss sich also treiben lassen, ohne davonzueilen. Denn nur ein Pferd, das sich treiben lässt, ist formbar. Reiten heißt zum Treiben kommen!

Ein gesundes und gut ausgebildetes Pferd sollte sich innerhalb weniger Minuten loslassen können. Voraussetzung ist selbstverständlich das vorherige, genügend lange Warmreiten im Schritt (10 Minuten sind die absolute Untergrenze, bei Boxenpferden und älteren Pferden dürfen es ruhig 20 Minuten oder mehr sein).

Dagegen benötigen Pferde mit Exterieur- oder gesundheitlichen Problemen immer länger, bis sie sich konstant loslassen können. Bei

> Eilen ist kein Zeichen von Fleiß, sondern ein Hinweis auf verlorenes Gleichgewicht. Es ist auch nicht möglich, durch Eilen echten Schwung zu erzeugen. Deshalb dürfen Pferde nie übereilt geritten werden. Ein eilendes Pferd kommt zwangsläufig auf seine Vorhand und macht sich im Rücken fest, sodass es kaum noch formbar ist.

starken gesundheitlichen Schäden kann es sein, dass überhaupt keine konstante Losgelassenheit erreicht werden kann. In diesem Fall ist es allerdings fraglich, ob man ein solches Pferd überhaupt weiterhin reiten sollte.
Kein Pferd geht immer losgelassen. Junge Pferde müssen zuerst lernen, mit dem Reitergewicht richtig umzugehen. Ältere Pferde müssen erst ihre Steifheit loswerden und ihre Muskeln aufwärmen.
Nebst körperlichen Spannungen können auch Außeneinflüsse oder die momentane Gemütslage des Pferdes die Losgelassenheit beeinträchtigen. Gewöhnen Sie sich in jedem Fall an, konsequent die Losgelassenheit wiederherzustellen, bevor Sie mit Ihrem Arbeitsprogramm weitermachen.
Arbeiten Sie Ihr Pferd am Anfang vor allem auf großen gebogenen Linien und ganze Bahn. Sobald es dort sicher geht, können Sie anfangen, die Ecken der Bahn besser auszureiten und langsam auch engere Wendungen mit einbeziehen. Viele Handwechsel und Wechsel zwischen den einzelnen Gangarten und Tempi helfen Ihrem Pferd, sich zu lösen.
Auch später, wenn die Ausbildung des Pferdes fortgeschritten ist, bleibt die Losgelassenheit ein wesentlicher Gradmesser Ihrer Arbeit. Jede Lektion, die Ihr Pferd nicht in Losgelassenheit bewältigen kann, ist nicht seriös erarbeitet und überfordert das Pferd. Dauernde Überforderung führt zu körperlichen und seelischen Schäden.

1 **Zum Lösen eines festen Rückens darf das Pferd ausnahmsweise so eingestellt werden, dass die Nase kurzfristig hinter die Senkrechte kommt.**
2 **Dehnungsbereitschaft und Losgelassenheit bleiben in jedem Rahmen erhalten.**

1

2

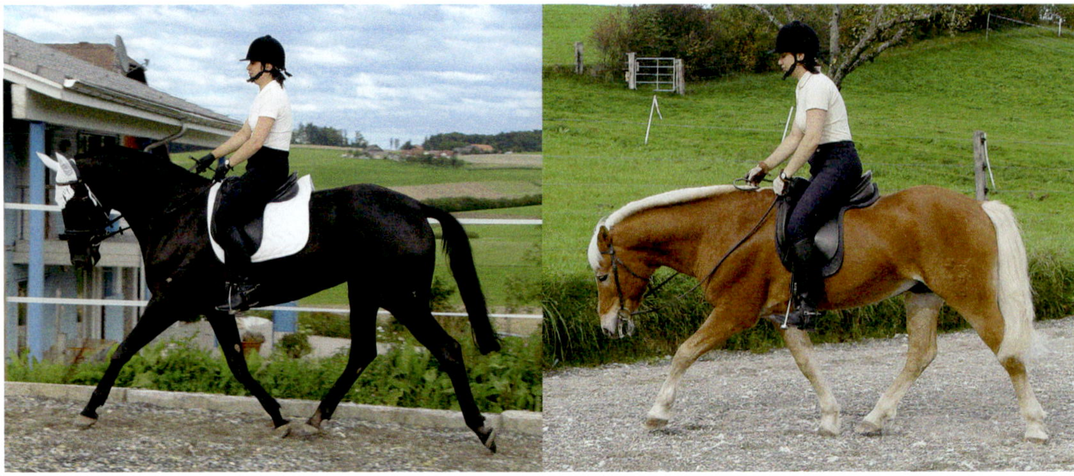

Der obere Spannungsbogen muss in jeder Haltung erhalten bleiben, damit die Muskulatur des Pferdes physiologisch arbeiten kann.

Gibt Ihr Pferd also während der Arbeit plötzlich seine Losgelassenheit auf, liegt der Verdacht nahe, dass etwas von ihm gefordert wurde, wofür es (noch) nicht bereit war. Das können neue Lektionen sein, die es noch nicht kennt, aber auch versammelnde Übungen, für die es noch nicht warm und locker genug oder aufgrund seiner Gesamtausbildung noch nicht bereit ist. Reduzieren Sie in solchen Fällen die Anforderungen, lässt sich das Pferd in der Regel sofort wieder los. Tasten Sie sich das nächste Mal vorsichtiger an den Punkt heran, an dem Ihr Pferd seine zwanglose Mitarbeit „gekündigt" hatte. Erzwingen Sie keine Lektionen, wenn sich Ihr Pferd dabei fest macht. Haben Sie bei der Ausbildung immer genügend Geduld.

Bitte bedenken Sie, dass besonders Pferde mit Gebäudemängeln oder gesundheitlichen Einschränkungen Monate benötigen können, um eine gute Losgelassenheit und dauerhafte Dehnungsbereitschaft zu erarbeiten. Es kann dabei gut sein, dass Sie einige Monate damit verbringen, Ihr Pferd in allen Gangarten in leichter Vorwärts-Abwärts-Dehnungshaltung zu reiten, bis es bereit ist, Ihren Zügel zu strecken und in leichter Anlehnung ans Gebiss heranzutreten. Lassen Sie Ihrem Pferd diese Zeit! Denn Sie können diese Ausbildungspunkte durch nichts ersetzen oder abkürzen. Ihr Durchhaltevermögen und Ihre Geduld in dieser Sache werden Ihnen dafür in der weiteren Ausbildungsarbeit viele Türen öffnen.

LÖSUNGSANSÄTZE FÜR PROBLEMFÄLLE

- Faule Pferde reiten Sie am Anfang am besten am langen Zügel. Stören Sie solche Pferd so wenig wie möglich im Maul, vor allem im Schritt. Am leichtesten lösen sie sich in den schwunghaften Gangarten, und zwar bei fleißigem Tempo auf großen Linien, wo sie sich noch nicht stark biegen müssen.
- Bei temperamentvollen Pferden sollten Sie mit ganz weichen Paraden das Tempo nur so weit regulieren, dass sie nicht unter Ihnen davoneilen. Bleiben Sie auf großen gebogenen Linien, bis Ihr Pferd anfängt, sich treiben zu lassen. Falls Sie dazu neigen, sich in der Lösungsphase festzuziehen, so wäre eine Variante, das Pferd vor der Arbeit abzulongieren.
- Unsichere, schreckhafte, ängstliche oder bodenscheue Pferde haben oft Mühe, sich auf ihren Reiter zu konzentrieren und verlieren ihre Losgelassenheit immer dann, wenn sie etwas Furchteinflößendes sehen. Je nach Schwere des Problems kann es Sinn machen, hier die Ausbildungsskala etwas abzuändern. Sollte das Pferd nicht noch andere Probleme wie Mauligkeit oder Steifheit haben, können Sie hier bereits relativ früh eine etwas deutlichere Zügelverbindung herstellen, als dies für das Erreichen der Losgelassenheit nötig wäre. Dabei müssen Sie das Pferd unbedingt gut unter seinen Schwerpunkt treiben. Sobald es vertrauensvoll an Ihre Hand herantritt, sollten Sie durch das Verlängern des Zügelmaßes die Losgelassenheit und Dehnungsbereitschaft überprüfen.
- Pferde mit verspanntem Rücken lösen sich oft im Galopp am leichtesten. Hilfreich sind bei solchen Pferden außerdem häufige Übergänge zwischen Trab und Galopp. Dabei muss das Tempo im Galopp frisch, aber nicht eilig sein.
- Pferde, die einen sehr schiefen und unausbalancierten Galopp zeigen, können sich nicht loslassen. Hier müssen Sie abwägen, ob sich das Pferd nach einem solchen Galopp gelöster zeigt oder nicht. Im zweiten Fall sollten Sie vorerst lieber im Gelände auf geraden Strecken galoppieren, im leichten Sitz selbstverständlich. Helfen kann gegebenenfalls auch seriöse Longenarbeit, um den Galopp runder und ausbalancierter zu machen.

- Wenn Sie plötzlich kiloweise Gewicht in der Hand haben, dehnt sich Ihr Pferd nicht korrekt. Entweder streckt es seinen Hals in die Tiefe, um seinen Rücken zu entlasten. Dann kommt es auf die Vorhand und stabilisiert sein Gleichgewicht auf Ihrer Hand. Oder Sie haben versucht, Ihr Pferd durch Hebeln am Zügel in Dehnung zu bringen. In schwierigen Fällen kann durchaus eine deutliche Hilfengebung angebracht sein. Diese erfordert aber eine ebenso präzise wie effiziente Abstimmung der treibenden und verhaltenden Hilfen. Sie sollte also erfahrenen Reitern vorbehalten bleiben.
- Bei Pferden mit verhaltenem Schritt erarbeiten Sie sich die Losgelassenheit zuerst in den schwunghaften Gangarten. Überprüfen Sie diese anschließend im fleißigen, aber keinesfalls übereilten Schritt an ganz weicher, der Nickbewegung des Pferdes folgenden Hand. Bei manchen Pferden lässt sich der Schritt durch Schenkelweichen, Übertretenlassen und/oder Seitengänge verbessern.
- Pferde, die dazu neigen, sich zu verhalten, müssen in den schwunghaften Gangarten energisch von hinten unter den Schwerpunkt getrieben werden. Erst, wenn ihre Tritte lebhaft genug sind, können Sie anfangen, das Pferd zu formen. Im Schritt sind Sie jedoch gut beraten, nur so weit die Gehlust zu aktivieren, wie der Takt erhalten bleibt.
- Um die Streckmuskeln Ihres Pferdes zu lösen und trainieren, wählen Sie zwischendurch immer wieder ein frisches Arbeitstempo. Zum Lösen der Beugemuskeln reiten Sie Ihr Pferd bei gut vortreibenden Hilfen in ruhigem Tempo (wählen Sie für beide Übungen die schwunghaften Gangarten). Durch das Abwechseln dieser Übungen lösen Sie sämtliche Muskelgruppen und Ihr Pferd hat die Chance, sich dauerhaft loszulassen und geschmeidig zu werden.
- Steife und ältere Pferde können Sie lösen, indem Sie schon im Schritt die Zügel immer wieder leicht aufnehmen und dann wieder aus der Hand kauen lassen. Dies tun Sie so lange, bis das Aufnehmen ohne Widerstand klappt und das Pferd der nachgebenden Hand in die Tiefe folgt. Diese Übung kann auch im Trab oder Galopp durchgeführt werden.
- Neigt Ihr Pferd dazu, mit dem Rücken nach unten zu schwingen, brauchen die Muskeln einen gewissen Impuls, damit sie richtig

arbeiten können. Stellen Sie einen leichten Zügelkontakt her und treiben Sie das Pferd dann fleißig an die Hand heran. Nutzen Sie auch den Reflexpunkt an der Schenkellage, um den Rücken anzuheben. Wichtig ist, solche Pferde nicht auseinander fallen zu lassen.

- Pferde mit weichem Rücken benötigen ebenfalls einen Impuls, um die korrekte Muskeltätigkeit zu stimulieren. Denn der Rücken muss zuerst tragfähig werden. Hier dürfen Sie ausnahmsweise auch mal den Hals bewusst etwas tief einstellen (nicht eng!). Die Schubkraft soll hier gegen den eher tief eingestellten Hals wirken. Gerät dabei die Nase leicht hinter die Senkrechte, so ist das dem Auseinanderfallen des Pferdes vorzuziehen.

Zu wenig losgelassen:
1 **Das Pferd dehnt sich zu wenig und wird dadurch eng.**
2 **Das Pferd springt zu wenig unter den Schwerpunkt und wölbt seinen Rücken nicht genügend auf.**

- Pferde mit fester Muskulatur oder solche, die beim Aufwärmen sehr faul sind, müssen Sie manchmal am Anfang recht energisch zum fleißigen Untertreten motivieren. Wenn sie gelöst sind, gehen sie dann meist sehr viel besser vorwärts. Wecken und lösen Sie solche Pferde durch viele Übergänge, Handwechsel, nicht zu enge Wendungen. Auch hier können Seitengänge bei eher langem Rahmen lösend wirken. Und achten Sie besonders auf eine weiche Hand.
- Pferde mit hohem Halsansatz und kräftigem Rücken dehnen und entspannen sich oft sehr schlecht. Lösen Sie solche Pferde durch konsequentes leichtes Stellen, Übertreten lassen und ähnliche

Übungen und überprüfen Sie das Resultat immer wieder durch leichtes Verlängern Ihrer Zügel.

- Pferde mit schwachem Rücken dehnen sich meist sehr gerne in die Tiefe. Allerdings übertreiben sie dies oft und stützen sich auf Ihrer Hand ab. Begrenzen Sie die Tiefe der Dehnung so weit wie nötig, um das Pferd nicht auf die Vorhand fallen zu lassen. Behalten Sie das Pferd gut an den treibenden Hilfen.
- Bei Mauligkeit sollten Sie zuerst ausschließen, dass das Problem am Gebiss oder im Pferdemaul liegt. Lassen Sie die Hände von scharfen Gebissen oder Hilfszügeln. Beides verschlimmert das Problem auf Dauer nur. Selbstverständlich müssen Sie vor allem Ihre Handeinwirkung selbstkritisch überprüfen. Schulen Sie das gefühlvolle Mitgehen in der Bewegung des Pferdes. Ist das Pferd verritten, dürfen Sie auf keinen Fall mit Gewalt versuchen, es zu lösen. Lassen Sie sich auch nicht dazu verführen, mit den Händen zu riegeln. Bei mauligen Pferden ist es ganz besonders wichtig, dass Sie dem Pferd nicht erlauben, sich auf Ihrer Hand abzustützen. Sie müssen also bei jedem Versuch Ihres Pferdes, sich auf Ihrer Hand festzumachen, nachgeben. Wo kein Zügel ist, kann sich das Pferd auch nicht abstützen. Der Knackpunkt ist, solchen Pferden das Vertrauen zur Reiterhand wiederzugeben. Denn die Mauligkeit ist ja erst dadurch entstanden, dass sich das Pferd gegen eine unsensible Reiterhand wehren musste und sich deshalb im Unterkiefer verspannt hat. Das Geheimnis ist deshalb auch hier der gelöste Kiefer, der am ehesten locker wird, wenn das Genick entspannt ist. Bei extrem verrittenen Pferden müssen Sie bei den Grundlagen anfangen. Beginnen Sie mit der Arbeit am Boden, lösen Sie Ihr Pferd zuerst an der Longe. Schulen Sie Ihr Pferd anschließend auf feine Hilfengebung. Parieren Sie es mit Ihrer Atmung durch. Üben Sie sich in gefühlvoller Zügelführung. Und lassen Sie sich nicht dazu verführen, sich am Zügel festzuziehen. Fälle extremer Mauligkeit sind oft gesundheitsbedingt. Ein Problem im Maul selbst ist ebenso denkbar wie ein Rückenproblem. Beides muss behoben werden, bevor an nutzbringende Arbeit zu denken ist.

DIE ANLEHNUNG

▸ 120 Was ist Anlehnung?

▸ 127 Mögliche Ursachen für Anlehnungsprobleme

WAS IST ANLEHNUNG?

Der Hals ist die Balancierstange des Pferdes.

Anlehnung ist die stete, weich-federnde Verbindung zwischen Reiterhand und Pferdemaul. Sie entsteht durch das gleichmäßige Vortreten beider Hinterbeine, welches das Herandehnen der ganzen Wirbelsäule einschließlich der Halswirbel ans Gebiss verursacht (bzw. der entsprechenden Muskulatur). Anders ausgedrückt kann korrekte, ehrliche Anlehnung nur aus richtig entwickelter Schubkraft entstehen, die vom Reiter elastisch-federnd angenommen wird. Eine gute Anlehnung geht von hinten nach vorne und von vorne nach hinten ohne Spannungen durch den Rücken. Als „Schaltzentrale" funktioniert dabei das Becken des elastisch mitschwingenden Reiters.
In der Grundausbildung ermöglicht die Anlehnung dem Pferd, sich mitsamt seinem Reiter auszubalancieren. Im weiteren Ausbildungsverlauf dient die Anlehnung als ***Kontrollinstrument*** für Ihre Einwirkung und das Durchkommen Ihrer Hilfen. Das bedeutet, dass Ihr Pferd erst im Zustand der Anlehnung wirklich durchlässig auf Ihre Schenkel- und Gewichtseinwirkung reagieren kann und Ihnen dadurch auch verlässliche Informationen über die richtige Dosierung Ihrer Hilfen gibt. Es bedeutet ebenfalls, dass Sie erst bei gesicherter Losgelassenheit und Anlehnung die Hinterhand Ihres Pferdes und damit seine Rückentätigkeit aktiv beeinflussen sowie Gangart, Richtung und Tempo jederzeit leicht kontrollieren können. Damit können Sie die Schub- und Tragkraft Ihres Pferdes kontrollieren, den Schwung verbessern, die Geraderichtung sicherstellen und Ihr Pferd bis zur Versammlung führen.
Die Anlehnung nimmt ihren Anfang mit beginnender Losgelassenheit und ist beim durchlässigen Pferd dauerhaft gesichert. Kommt das Pferd über, auf oder hinter den Zügel, hat es seine Anlehnung aufgegeben. Als Folge kann der Bewegungsablauf gestört werden bzw. das Pferd kann sich Ihrer Einwirkung entziehen.

Korrekte Anlehnung: Die Anlehnung wird vom Pferd gesucht und vom Reiter gestattet. Anlehnung muss das Ergebnis richtig entwickelter und dosierter Schubkraft sein und darf nicht durch Rückwärtswirken mit den Zügeln erreicht werden.

In Ihrer bisherigen Ausbildungsarbeit haben Sie Ihr Pferd durch häufiges Reiten in Stellung auf beiden Händen im Genick entspannt. Dadurch haben sich seine großen Muskelgruppen gelöst. Es hat begonnen, vermehrt aus seiner Hinterhand über den Rücken zu treten

und den Hals fallen gelassen. Ihr Pferd lässt sich nun treiben und tritt bei richtig dosierter Schubkraft über seinen gut schwingenden Rücken in gleichmäßiger Dehnungshaltung an Ihre leicht anstehende Zügelhand heran. Es bewegt sich zu diesem Zeitpunkt noch in leichter Vorwärts-Abwärts-Dehnung.
Um diese leichte Anlehnung weiter zu verbessern, ist nun Ihre Aufgabe, bei vermehrt vortreibenden Hilfen die Schubkraft Ihres Pferdes weiterhin so zu kontrollieren, dass es nicht aus Takt und Gleichgewicht eilt. Würde es eilig, würde es sein Gleichgewicht und damit auch seine Losgelassenheit verlieren. Durch das weich-federnde Abstoßen am Gebiss geht ein Impuls wieder zurück über den schwingenden Rücken in die Hinterhand. Diese wird durch Ihre treibenden Hilfen wiederum zu energischem Abfedern aufgefordert, sodass sich Ihr Pferd erneut an Ihre weich anstehende Hand herandehnt. Dadurch federt es vermehrt durch seine Hanken, nimmt mehr Gewicht auf und richtet sich in der Vorhand ein wenig auf. Der Hals wird nun ebenfalls höher getragen. Die Entwicklung der Tragkraft nimmt ihren Anfang. Durch das moderate Verstärken und leichte Verkürzen der schwunghaften Gangarten wird Ihr Pferd veranlasst, seine Hinterbeine noch stärker in Richtung Ihres gemeinsamen Schwerpunktes vorschwingen zu lassen. Da sich jetzt der gemeinsame Schwerpunkt von der Vorhand in Richtung Pferdemitte verändert, muss sich Ihr Pferd neu ausbalancieren. Sie spüren nun eine deutlichere Anlehnung. Dabei wird Ihr Pferd nach und nach stärker an den äußeren Zügel herantreten,

1

2

3

1 Beginnende Anlehnung, noch nicht sehr konstant
2 Anlehnung bei langem Rahmen. Die Nase sollte dabei noch mehr nach vorne kommen.
3 Korrekte Anlehnung im Arbeitsgalopp

1 **Anlehnung bei kürzerem Rahmen. Das Pferd darf auf keinen Fall enger im Hals werden.**
2 **Fehlerhafte Anlehnung: Angespannte Kopfbeugemuskeln, Nase hinter der Senkrechten.**

während die Anlehnung am inneren Zügel immer leichter wird. Schulen Sie Ihr Pferd so, dass der äußere Zügel führt, der innere stellt. Überprüft wird dies durch häufiges Überstreichen mit der inneren Hand.

Um keine Missverständnisse aufkommen zu lassen: Die deutlichere Anlehnung soll Sie lediglich das weiche, kauende Pferdmaul besser und konstanter spüren lassen. Es ist auch richtig, wenn Sie den elastischen Zug der oberen Muskulatur spüren. Nicht gemeint ist, dass die Anlehnung dadurch starrer, fester oder härter werden soll. Sie wird lediglich gleichmäßiger. Reiten ist ein Geschicklichkeitssport, kein Krafttraining.

Haben Sie dagegen „nichts" in der Hand, liegt der Verdacht nahe, dass Ihr Pferd einfach nur den Hals rund macht. Dabei streckt sich seine Wirbelsäule nicht und die Losgelassenheit fehlt bzw. ist mangelhaft. Korrigieren Sie das nicht, werden Sie Ihr Pferd nie kontrolliert über den Rücken reiten und gezielt seine Hinterhand bearbeiten können.

Die jeweils richtige Anlehnung gibt Ihrem Pferd die nötige Sicherheit, sein natürliches Gleichgewicht unter dem Reiter in jeder beliebigen Haltung wiederzufinden und sich im Takt der verschiedenen Gangarten auszubalancieren. Dabei spielt der Rahmen keine Rolle. Allerdings sollte in der Regel die Nase des Pferdes vor oder an der Senkrechten bleiben.

Erst ein Pferd in korrekter Anlehnung ist in der Lage, die weich durchhaltenden Zügelhilfen durchs Genick bis zu den Hinterbeinen durchzulassen, wo die korrekt eingesetzten Paraden das Durchfedern des jeweils stützenden Hinterbeines verstärken und damit den natürlichen Gang erhalten und verbessern.

1 Das Pferd tritt bei vorbildlich arbeitender Nackenmuskulatur an die Hand heran.
2 Falscher Knick, eng im Hals, hinter dem Zügel, gespannter Gang.

Wie Sie sehen, hängen Losgelassenheit und Anlehnung sehr eng zusammen. Sie bauen aufeinander auf und ergänzen sich gegenseitig. Löst sich z. B. ein Pferd aus der Anlehnung, gibt es in der Regel gleichzeitig auch seine Losgelassenheit auf. Die Anlehnung sucht es erst wieder, wenn es seine Losgelassenheit wiedergefunden hat.

Der Weg zu ehrlicher, steter und weicher Anlehnung führt ausschließlich über die korrekte Losgelassenheit.

Können Sie Ihr Pferd erst einmal in konstanter Losgelassenheit und solider, weich-federnder Anlehnung reiten, kann es im Prinzip beliebig geformt werden. Im Prinzip deshalb, weil auch der Körperbau und die natürliche Beweglichkeit der Gelenke Ihres Pferdes ein Wörtchen mitzureden haben, genau wie seine Intelligenz und Lernfähigkeit. Was aber die Erlangung einer guten Durchlässigkeit betrifft, können Sie auf diesen ehrlich erarbeiteten Grundlagen so gut wie alles aufbauen.
Nur wenige, korrekt gebaute und weit ausgebildete Pferde können langfristig auch ohne stete Anlehnung sicher gymnastiziert werden. Solche Pferde haben unter anderem durch eine ideal geformte Hinterhand eine hohe, natürliche Versammlungsfähigkeit, sodass ihnen die für die Selbsthaltung nötige Hankenbeugung keine Mühe bereitet. Außerdem haben sie gelernt, so fein auf Gewichts- und Schenkelhilfen zu achten, dass sie die Kommunikation über das Maul nur noch gelegentlich benötigen. So erstrebenswert das Erreichen solcher Perfektion ist, so wenigen wird es vergönnt sein, diese

1 Korrekte Anlehnung
2 Korrekte Anlehnung bei etwas wenig Schwung

zu erreichen. Die allermeisten Pferde lassen sich aber bei entsprechender Gymnastizierung mit einer leichten bis sehr leichten Anlehnung reiten. Dann nämlich, wenn sie gelernt haben, am Sitz zu gehen, und der Reiter seine Hilfen nur noch impulsartig einsetzen muss. Dies gilt dann selbstverständlich für alle Hilfen, die dem Pferd nur noch Veränderungen in Schwung, Tempo, Raumgriff oder Richtung anzeigen sollen. Anzustreben ist eine so leichte Anlehnung, dass der Reiter praktisch nur noch das Zügelgewicht in der Hand hält. So ist auch der Ausspruch, „die Anlehnung ist umso besser, desto weniger von ihr übrig bleibt", zu verstehen. Man könnte dann anstelle von „Zügelanlehnung" von einer Anlehnung des Pferdes an den Reitersitz sprechen.
Da der Begriff Anlehnung an und für sich nichts über die Kopf- und Halshaltung aussagt, kann ein Pferd sowohl in Vorwärts-Abwärts-Dehnung als auch in Gebrauchshaltung oder Versammlung in Anlehnung gehen. Die Anlehnung ist dann korrekt, wenn sich das Pferd vertrauensvoll an die Reiterhand herandehnt und die Verbindung zwischen Pferdemaul und Reiterhand gleichmäßig und weichfedernd ist. Erkennbar ist das daran, dass die oberen Halsmuskeln gedehnt und die unteren losgelassen sind. Die obere Halslinie erscheint dadurch länger als die untere und gleichmäßig gerundet. In der Dehnungs- oder Gebrauchshaltung bleiben Kopf und Hals des Pferdes mittels Nackenband und Nackenmuskeln passiv am Widerrist aufgehängt. Die Kopfbeugemuskeln im unteren Halsbereich

haben dabei keine aktive Aufgabe. Nur bei höherer Halshaltung, z. B. in der Versammlung, leisten die Nackenmuskeln aktive Arbeit. Dahingegen lässt die Haltung des Genickes keine verlässlichen Aussagen über die Korrektheit der Anlehnung zu. Diese wird vom Körperbau des Pferdes, dem erreichten Ausbildungsstand und natürlich auch dem Ziel des Reiters mitbestimmt. Ein verlässlicher Gradmesser für die Korrektheit der Anlehnung ist das jederzeitige prompte Durchkommen der Reiterhilfen.
Schlackert der Zügel bei korrekt arbeitender Muskulatur und gutem Durchkommen der Reiterhilfen dennoch, so dürfen Sie davon ausgehen, dass das Pferd sich korrekt anlehnt, der Reiter diese Anlehnung jedoch nicht gleichmäßig genug gestatten kann. Solche Schwächen in der Feinmotorik des Menschen sind sehr viel häufiger anzutreffen als allgemein angenommen. Gehören Sie zu den zahlreichen betroffenen Reitern, so versuchen Sie bitte nicht, die Schwäche in Ihrer Körperkoordination durch eine straffere Zügelführung zu kaschieren. Sie würden die über Monate erarbeitete Losgelassenheit und Dehnungsbereitschaft Ihres Pferdes sinnlos aufs Spiel setzen. Versuchen Sie stattdessen, vermehrt an das Nachgeben mit der Hand, speziell der inneren, zu denken. Gehen Sie bewusst mit den Halsbewegungen Ihres Pferdes mit und versuchen Sie, sein Maul ganz leicht und so konstant wie möglich zu fühlen, ohne dabei mit dem Zügel hängen zu bleiben. Viele Pferde können sich mit einer solchen reiterlichen Unzulänglichkeit durchaus arrangieren und bleiben sehr fein

1 Korrekte Anlehnung, wobei die Dehnung an die Hand noch deutlicher sein dürfte
2 Korrekte Anlehnung bei etwas tiefem Genick

1

2

1 **Durch die mangelnde Dehnung wird der Hals eng. Das Pferd steht nicht mehr „vor dem Reiter".**
2 **Korrekte Dehnung (dadurch guter Spannungsbogen). Der Hals ist gleichmäßig gerundet.**
3 **Hinter dem Zügel bei angespannter Halsmuskulatur und verhaltenem Gang**

und durchlässig. Womit sie nicht umgehen können, ist eine harte, starre Zügelverbindung, die sie zwingt, zum Schutze ihres empfindlichen Mauls ihre Unterhals- und Kiefermuskulatur anzuspannen.

Ein weiteres Merkmal korrekter Anlehnung ist die harmonische Gangmechanik des Pferdes. Es schwingt also von hinten bei aktiv tretender Hinterhand über den Rücken an die Hand heran und lässt sämtliche Hilfen von den dynamisch abfedernden Hinterbeinen zum Genick und wieder zurück durch. Man nennt ein solches Pferd „Rückengänger", im Gegensatz zu einem „Schenkelgänger" der nicht vor den Hilfen des Reiters steht und daher durch ständiges Treiben und übertriebene Zügelhilfen zu fleißigem Gehen zwischen den Reiterhilfen angeregt werden muss.

Treten in der Dehnungs- oder Gebrauchshaltung an der unteren oder mittleren Halsmuskulatur Wulste hervor, lässt sich das Pferd nicht korrekt los. Es stützt mit der Unterhalsmuskulatur seinen festgehaltenen Rücken ab und tritt nicht mehr schwungvoll von hinten durch. Damit ist ein Pferd mit verspannter Halsmuskulatur meistens fest im Maul und unempfänglich sowohl für die Zügeleinwirkung als auch die treibenden Hilfen. Aber Achtung: Manche Pferde täuschen auch ein weiches Maul vor. Sie quittieren dann die Paraden des Reiters durch das Öffnen ihres Mauls oder verkriechen sich hinter dem Zügel. Die reiterlichen Hilfen kommen nicht mehr korrekt durch.

Ein weiterer Hinweis auf eine unvollkommene Anlehnung sind sämtliche fehlerhaften Halshaltungen wie hinter-dem-Zügel-gehen, sich-aufrollen, sich-festmachen, der so genannte „falsche Knick", unruhige Kopfhaltung, sich verwerfen, Kopfschlagen etc.

MÖGLICHE URSACHEN FÜR ANLEHNUNGSPROBLEME

In allererster Linie handelt es sich um eine noch unvollkommene Losgelassenheit der Muskulatur und dadurch eine ungenügende Dehnungsbereitschaft des Pferdes. Eine zweite Hauptursache ist eine fehlerhafte reiterliche Einwirkung. Viele Reiter arbeiten zu handdominant. Oder sie verpassen den Moment, wenn das Pferd seine Muskeln dehnen möchte und bleiben mit dem (meist inneren) Zügel hängen. Dies vermiest natürlich jedem sensiblen Pferd die Lust, sich an die Reiterhand heranzudehnen. Lieber macht es seine Halsmuskulatur und seinen Kiefer fest, um dem unangenehmen Zug im Maul zumindest ein wenig zu entkommen. Leider sind solche Verspannungen und Ausweichmechanismen bei ungymnastizierten Pferden oder Korrekturpferden meist schon so festgefahren, dass es Monate dauern kann, diese zu durchbrechen. Bitte haben Sie die Geduld und nehmen Sie sich die Zeit, um ein solches Pferd wirklich zuerst im Genick zu entspannen, bevor Sie eine vermehrte Anlehnungsbereitschaft von ihm erwarten. Um die Oberlinie eines jungen Pferdes oder Korrekturpferdes so zu formen, dass es sich konstant loslassen und eine ehrliche Anlehnung suchen kann, können locker ein bis zwei Jahre konsequentes Training mit leichter Vorwärts-Abwärts-Tendenz nötig sein!

Sollten sich bei einem Pferd mit Exterieurmängeln Anlehnungsfehler einschleichen, so kann es sein, dass Sie einfach Ihre Arbeit an der Losgelassenheit in leichter Vorwärts-Abwärts-Dehnung noch weiter verbessern müssen. Bei Veränderungen von Rahmen und Haltung müssen Sie dann besonders behutsam vorgehen. Ihr Pferd darf die Rahmen- und Haltungsänderung kaum spüren und muss beim geringsten Widerstand wieder in die stärkere Dehnung entlassen werden. Solche Pferde benötigen unter Umständen nochmals Monate, bis sie auch in höherer Haltung bei leicht kürzerem Rahmen in leichter, konstanter Anlehnung bleiben können. Und sie müssen sich noch viel öfter in die Tiefe strecken dürfen als korrekt gebaute Pferde.

Auch Pferde mit gesundheitlichen Einschränkungen, die in Vorwärts-Abwärts-Dehnung eine gute Losgelassenheit zeigen, können

bei einer Haltungsänderung Probleme bekommen, wenn die Dehnungsbereitschaft dabei nicht erhalten bleibt. Wird die Haltungsänderung mit der Hand eingeleitet und die Nackenmuskulatur des Pferdes arbeitet nicht mehr losgelassen, kann es passieren, dass ein Pferd leichten Druck im Genick verspürt. Erinnern Sie sich? Jedes Problem, das entlang der langen Wirbelsäule entsteht, spiegelt sich im Genick wider. Druck im Genick, und sei er nur ganz leicht, kann für ein empfindliches Pferd die Hölle sein. Auch hier ist Ihre Aufgabe, die Dehnungsbereitschaft zu erhalten und den Rahmen so vorsichtig zu verändern, dass Ihr Pferd es kaum bemerkt. Besonders bei solchen Pferden müssen Sie Widerstand ernst nehmen und Ihr Pferd in die Tiefe entlassen, wenn es sich strecken möchte.
Wie Sie jetzt wissen, vermittelt Ihnen Ihr entsprechend ausgebildetes Pferd durch die Qualität der Anlehnung Hinweise auf Überforderung und Einwirkungsfehler. Einige Beispiele:

- Das Pferd ***verhält sich***. Aufgrund zu geringer Schubkraft (= mangelndes Durchfedern der Hinterbeine) streckt sich die Wirbelsäule ungenügend, sodass das Pferd sich nicht genügend an die Hand herandehnen kann. In diesem Zustand nimmt es die treibenden Hilfen nicht korrekt an. Sensibilisieren Sie Ihr Pferd darauf, Ihre treibenden Hilfen korrekt anzunehmen, damit es vor Ihren Hilfen bleibt. Dadurch fördern Sie seine Losgelassenheit und Anlehnung erheblich.
- Das Pferd eilt ***aufgrund unkontrollierter Schubkraft*** aus seinem Gleichgewicht und sucht eine Stütze (= die Hand), um sich wieder auszubalancieren. Veranlassen Sie es mit weichen Paraden dazu, sein natürliches Grundtempo einzuhalten und trotzdem fleißig von hinten unter den Schwerpunkt zu treten. In schwierigen Fällen muss hier zuerst ein zurückhaltendes Tempo angestrebt und die Tätigkeit der Hinterhand erst dann wieder gefördert werden, wenn das Pferd die treibenden Hilfen korrekt annimmt.
- Gibt Ihr Pferd ***bei verstärkten Anforderungen*** oder ***in bestimmten Lektionen*** immer wieder seine Anlehnung auf, müssen Sie einen Schritt zurückgehen, die Losgelassenheit wieder sichern und sich langsamer an diese Anforderungen herantasten.
- Löst sich Ihr Pferd in Wendungen aus der korrekten Anlehnung, wurde es in ***Wendungen*** gezwungen, die aufgrund seines derzeiti-

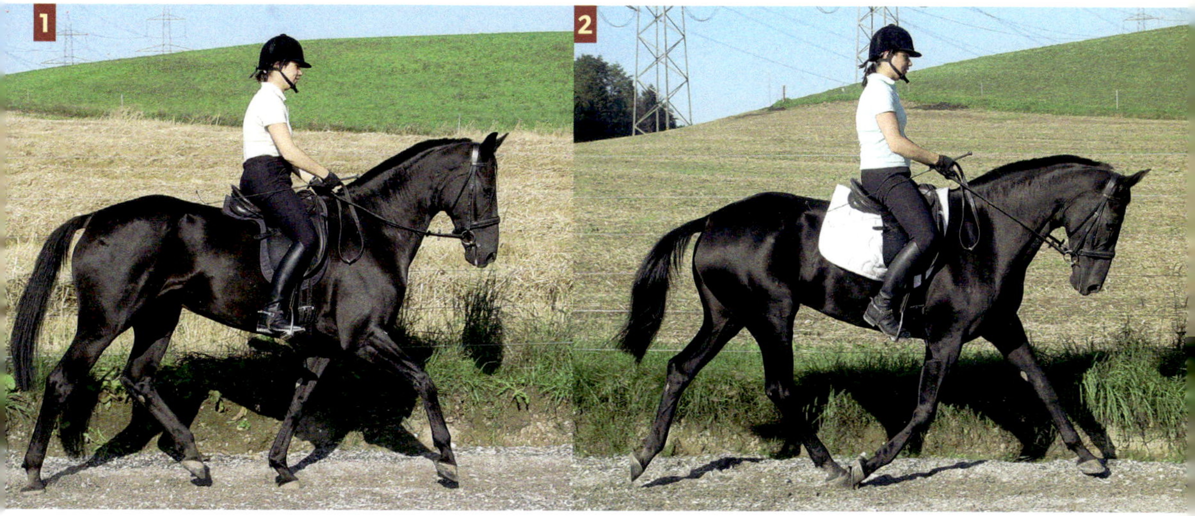

1 Leicht über dem Zügel bei mangelhafter Dehnung der oberen Linie. Der obere Spannungsbogen ist unterbrochen, der Gang wird deutlich verhalten.
2 Übereilter Gang: Das Pferd verliert die Balance, kommt auf die Vorhand und stützt sich auf der Reiterhand ab.

gen Ausbildungsstandes (Beuge- und Stützfähigkeit der Hanken) zu eng sind. Es ist somit gezwungen, zur Wiedererlangung seines Gleichgewichtes auszuweichen und eine Stütze zu suchen. Sie merken das deutlich am Verwerfen im Genick und/oder am Abstützen auf Ihrer Hand.

Hiermit wären wir bei einem weiteren wichtigen Punkt angelangt. Probleme, die beim Reiten auftreten, haben ihre Ursache meist in den Hanken bzw. resultieren aus einer noch ungenügenden Geraderichtung des Pferdes. Das gilt auch für Probleme in der Anlehnung, wie Genickschwierigkeiten, sich verwerfen, unruhige Kopfhaltung etc. Tritt das Pferd nämlich mit beiden (gleich starken und beugefähigen) Hinterbeinen gleichmäßig unter seinen Schwerpunkt, wird der dadurch ebenfalls beidseitig gleich lockere Rücken gleichmäßiger schwingen und Sie werden niemals Probleme mit der Anlehnung bekommen. Vorausgesetzt natürlich, Ihr Pferd bleibt gesund, sein Sattelzeug und Gebiss passen und Sie stören es nicht. Diese Gleichmäßigkeit setzt aber eine bereits weit fortgeschrittene Geraderichtung voraus. Bei dieser müssen alle Muskeln, Sehnen und Bänder, die von Natur aus sehr unterschiedlich kräftig sein können, gleich stark, beweglich und elastisch gemacht worden sein. Und hier liegt der Hase im Pfeffer: Diese Geraderichtung hat Ihr Pferd auf die-

Gewöhnen Sie sich an, Probleme von hinten nach vorne zu bearbeiten:

- Ohne aktiv tretende Hinterhand kein schwingender Rücken.
- Ohne schwingenden Rücken keine Streckung der Wirbelsäule.
- Ohne Streckung der Wirbelsäule keine Dehnung des Halses ans Gebiss.
- Ohne Dehnung des Halses ans Gebiss keine weiche, durchlässige und konstante Anlehnung.

So leicht kann die Anlehnung sein, wenn die Dehnung stimmt.

ser Ausbildungsstufe leider noch nicht erreicht. Aufgrund dieser Tatsache müssen Sie sich zum jetzigen Zeitpunkt mit einer noch unvollkommenen Anlehnung abfinden. Sie werden aber feststellen, dass sich diese mit jedem Ausbildungsschritt verbessert.

Sowohl bestimmte Halsformen als auch antrainierte Fehlhaltungen können Ihr Bestreben nach dem Erreichen einer ehrlichen Anlehnung ziemlich erschweren. Nachfolgend finden Sie einige Ansätze zur Problemlösung:

- Pferde mit dicken Hälsen und ***starken Ganaschen*** tun sich mit einer korrekten Anlehnung oft schwer. Sie können sich aber problemlos vorwärts-abwärts dehnen. Lassen Sie solche Pferde beim Erarbeiten einer konstanteren Anlehnung sich häufig in die Tiefe strecken und achten Sie auf eine genügend freie Halshaltung, um die Ganaschen nicht einzuengen. Das Pferd würde Ihnen diesen Fehler durch Widerstand anzeigen.
- Pferde mit ***losen Hälsen*** neigen zu einer unsteten Anlehnung. Der Hals ist zu beweglich und das Pferd kann in alle Richtungen ausweichen, solange die Schubkraft nicht korrekt über den Rücken bis zum Genick durchkommt. Achten Sie pingelig auf genügend Losgelassenheit. In der weiteren Ausbildung lassen sich lose Hälse mit konsequenter Biegearbeit stabiler machen.
- Eine ***enge Haltung hinter der Senkrechten*** weist auf eine dominante Handeinwirkung oder eine feste Genickmuskulatur hin. Treiben Sie Ihr Pferd energisch ans Gebiss heran und achten Sie auf eine sehr gefühlvolle Handeinwirkung.
- Ähnliche Ursachen hat das ***Hinter-dem-Zügel-gehen***, wo die Stirn-Nasenlinie des Pferdes ebenfalls hinter der Senkrechten ist. Das Pferd steht dabei nicht vor den Hilfen. Auch hier reiten Sie frisch vorwärts und stellen mit gefühlvoller Hand die Verbindung mit dem Pferdemaul wieder her.
- Weicht das Pferd durch Eng-werden und „Aufrollen" der korrekten Anlehnung aus, kommt es zwischen dem zweiten und dritten Halswirbel zum sogenannten ***„falschen Knick"***. Dies ist ein gravierender Fehler, der meist durch rückwärts wirkende Zügelhilfen zustande kommt. Durch den unvollständigen Kontakt der beiden Wirbel entsteht eine Lücke in der Verbindungskette zwischen

Maul und Hinterhand. In der Folge bleiben dem Pferd Paraden buchstäblich im Hals stecken. Treiben Sie Ihr Pferd zwar energisch vor, vermeiden dabei aber mit elastischer Hand ein übereiltes Tempo. Gleichzeitig gehen Ihre Hände so weit vor, dass sich die obere Halslinie wieder gleichmäßig dehnen kann. Lassen Sie solche Pferde sich möglichst oft in die Tiefe strecken und entspannen Sie deren Genickmuskeln durch das häufige Reiten in leichter Stellung.

- Legt sich ein Pferd ***auf den Zügel***, so versucht es, sich auf der Reiterhand abzustützen. Dabei tritt es nicht genügend von hinten ans Gebiss heran. Aktivieren Sie die Hinterhand und achten Sie darauf, dass Sie so gefühlvolle Paraden geben, dass Ihr Pferd keine Stütze mehr in Ihrer Hand findet. Auch hier gilt: Lassen Sie Ihr Pferd sich immer wieder strecken!
- Beim ***Gegen-oder-über-dem-Zügel-Gehen*** befindet sich die Stirn-Nasenlinie deutlich vor der Senkrechten. Dabei gibt das Pferd im Genick nicht nach und drückt mit der Unterhalsmuskulatur bei festgehaltenem Rücken gegen die Hand. Hier muss konsequent die Losgelassenheit erarbeitet und verbessert werden. Übungen wie das Reiten in Stellung, Zügel-aus-der-Hand-kauen-lassen und -wiederaufnehmen sowie viele Übergänge können langfristig Abhilfe schaffen. Solche Pferde haben aber Rückenprobleme und Genickschwierigkeiten, sodass eine Korrektur einige Zeit in Anspruch nehmen wird. Meistens müssen zusätzliche Muskeln aufgebaut werden, die den Rücken belastbar machen. Bleiben Sie also geduldig.

Ebenfalls zu Anlehnungsproblemen können enge Ganaschen, aber auch chronische Atemwegserkrankungen, Kehlkopfreizungen, sowie Kieferschmerzen und Zahnprobleme, vor allem bei älteren Pferden, führen. Achten Sie auch hier darauf, das Pferd nie eng im Hals zu machen. Ein gefühlvoller Reiter spürt schon im Ansatz, wenn das Pferd infolge der Anlehnung (z. B. durch starke Speichelbildung) gestört wird und lässt sofort zur Entlastung des Pferdes die Zügel aus der Hand kauen. Bei solchen Pferden sollten die Arbeitsphasen und insbesondere die Phasen höherer Aufrichtung sehr kurz gehalten werden.

Das Erreichen gesicherter Losgelassenheit und Anlehnung darf man mit Fug und Recht als „Grundkapital" in der Ausbildung bezeichnen.

DIE SCHWUNGENTFALTUNG

- 133 Was ist Schwung?
- 140 Lösungen für Probleme bei der Schwungentfaltung

WAS IST SCHWUNG?

Als Schwung bezeichnet man die Übertragung des energischen Impulses aus der Hinterhand über den schwingenden Rücken auf die Gesamtvorwärtsbewegung des Pferdes. Ein Pferd geht schwungvoll, wenn es energisch abfußt und in der Schwebephase mit seinen Gliedmaßen gut nach vorne durchschwingt. Daher kann sich Schwung im eigentlichen Sinn nur im Trab und Galopp entwickeln, da der Schritt keine Schwebephase aufweist. Im Schritt wäre der Schwung jedoch mit vermehrtem Fleiß und elastischem Raumgriff gleichzusetzen. Ein Pferd hat naturgegeben eine mehr oder weniger energische Schubkraft der Hinterhand. Aus dem kraftvollen Schub, der durch die systematische Verbesserung der Beugefähigkeit der Hanken erzeugt wird, entwickelt sich Schwung. Stellen Sie sich das vor wie eine Sprungfeder, die angespannt wird und dann dynamisch abfedert. Da bei schwungvollem Gang enorme Kräfte auf die Gelenke der Pferdebeine wirken, ist es notwendig, dass diese Stöße vom schwingenden Rücken abgefangen und gedämpft werden. Deshalb gehört zum Schwung unbedingt ein elastisch mitschwingender Rücken. Vorausgesetzt, die Schubkraft wird mit gefühlvollen Paraden kontrolliert, lernt Ihr Pferd, sich vermehrt auf der Hinterhand zu tragen. Dadurch beginnt sich seine Tragkraft zu entwickeln. Die Gelenke, Sehnen und Bänder der Vorhand werden entlastet. Pferde mit schwungvollen Gängen ermüden weniger schnell als Pferde mit kurzen, unelastischen Bewegungen.

Schwung kommt von Schwingen – dem Schwingen des Rückens.

Durch das schwungvolle Herantreten an die Reiterhand verbessert sich aber auch die Anlehnung, die Ihnen bekanntlich als Kontrollinstrument für die Richtigkeit Ihrer Einwirkung und Ihrer gymnastizierenden Arbeit dient.

Oftmals wird Schwung mit Tempo verwechselt. Da bei höherem Tempo die Schwebephase durch den schnelleren Abfußtakt verkürzt wird, werden die Tritte und Sprünge des Pferdes kürzer oder zumindest flacher. Deshalb ist das Reiten in übereiltem Tempo ein grober Fehler. Echter Schwung ist bei dynamischem Abfußen und gutem Vorschwingen unter den Schwerpunkt durch eine leicht verlängerte Schwebephase charakterisiert.

1|2 **Diagonale Fußfolge in verschiedenen Bewegungsphasen des Trabes bei gutem Schwung**
3 **Wenig Schwung. Die Hinterbeine fußen nicht unter den Schwerpunkt.**

Echten Schwung unterscheiden Sie leicht von Strampeln mit festgehaltenem Rücken, wenn Sie auf einige Besonderheiten des Gangs achten:

- Bei echtem Schwung stößt sich das Pferd energisch mit den Hinterbeinen ab und tritt mit gut gebeugten Hinterbeinen unter seinen Schwerpunkt. Fehlerhaft wäre ein starkes Anwinkeln der Hinterbeine bei wenig Untertritt.
- Die Sprunggelenke fußen direkt vorwärts-aufwärts unter den Pferdekörper.
- Die dynamischen Bewegungen werden von der sichtbar schwingenden Rückenmuskulatur abgefedert.
- Der Reiter wird gut in die Bewegung mitgenommen. Dennoch kann auch bei schwungvollem Gang ein Reiter mit ungenügender Geschmeidigkeit der Mittelpositur unruhig sitzen oder geworfen werden.
- Im Trab muss das hintere Röhrbein jeweils parallel zum diagonalen Unterarm vorgeführt werden. Bei einer Störung dieser diagonalen Fußfolge geht die Bewegung nicht richtig über den Rücken. Ein starkes Anheben der Vorderbeine bei gestörter diagonaler Fußfolge ist lediglich als effektvolles Strampeln zu werten.

Mangelhafter Schwung hat nichts mit fehlendem Gangwerk zu tun. Allerdings sind einer überbauten, steilen Hinterhand durchaus Grenzen in der Schwungentfaltung gesetzt. Mängel in der Schwungentfaltung entstehen meistens durch einen festgehaltenen Rücken bzw. zu wenig energisches Vortreten der Hinterbeine. „Streikt" der Motor und/oder wird die Bewegung nicht korrekt vom Rücken abgefedert, kann höchstens ein mehr oder weniger effektvolles Strampeln entstehen, jedoch niemals echter Schwung.

1 Kurzer, abgehackter Gang
2 Das Sprunggelenk wird nach hinten-oben weggezogen.

Sie erkennen diesen Fehler am Vorwerfen der Vorderbeine und am mangelnden Durchschwung der Hinterbeine. Das Pferd tritt statt unter seinen Schwerpunkt aus diesem heraus. Außerdem werden oft übertriebene Hilfen gegeben, da das Pferd die treibenden und verhaltenden Hilfen nicht richtig annimmt. Kurz gefasst kann man auch diese Fehler als Losgelassenheitsprobleme bezeichnen. Ein weiterer Grund für mangelhaften Schwung kann in einer unkoordinierten Einwirkung des Reiters zu suchen sein, insbesondere bei wenig gefühlvoller Zügelführung. Ungünstig abgestimmte Hilfen bremsen den Schwung, während geschickte Hilfen diesen sehr gut fördern. Um den Schwung Ihres Pferdes zu verbessern, sichern Sie zuallererst die Losgelassenheit und Anlehnung. Sobald Ihr Pferd gut über den Rücken an Ihre Hand herantritt, regen Sie es durch energischeres Vortreiben zu vermehrter Lastaufnahme an. Auch jetzt behält Ihre Hand die Aufgabe, das Tempo zu regulieren. Ist Ihr Pferd inzwischen reeller Rückengänger, gehen Ihre Paraden jetzt über den schwingenden Rücken von der Hinterhand zum Genick durch. Dieses „Durchlassen" der Hilfen ist die Durchlässigkeit, die dem Reiter die Kontrolle über sein Pferd und dem Pferd den Gehorsam ermöglicht. Somit bleibt die korrekte Anlehnung ein Kontrollinstrument für das Durchkommen Ihrer Hilfen und für die Tätigkeit von Rücken und Hinterhand. Als „Schaltzentrale" funktioniert dabei dic losgelassen mitschwingende Mittelpositur des Reiters.

Der Rücken ist das Bewegungszentrum des Pferdes. Jede Parade sollte von hinten nach vorne und von vorne nach hinten über den Rücken gehen.

1

2

3

1 **Wenig Untersprung unter den Schwerpunkt**
2|3 **Die Mittelpositur des Reiters bildet die „Schaltzentrale" zum korrekt schwingenden Rücken des Pferdes.**

Haben Sie das Prinzip verstanden, fangen Sie an, kurze Reprisen in leicht verkürztem Gang zu reiten. Dafür eignet sich vorerst vor allem der Trab. Treiben Sie dabei Ihr Pferd fleißig an Ihre Hand heran und behalten Sie das Tempo mit stets gefühlvollen Paraden unter Kontrolle. Wenn Sie spüren, dass Ihr Pferd energisch von hinten unter seinen Schwerpunkt tritt und Ihre Paraden gut durchlässt, lassen Sie diesen erhöhten Fleiß für einige Tritte „heraus". Das bedeutet, dass Sie Ihr Pferd einige Tritte mit erweitertem Raumgriff (dazu die Rahmenerweiterung der Oberlinie gestatten!) nach vorne treten lassen, bevor Sie es wieder mit weichen Paraden zurücknehmen und den Fleiß im verkürzten Tempo erhöhen.
Stellen Sie sich die Schwungentfaltung vor wie eine Sprungfeder, die Sie im verkürzten Tempo spannen und dann abschnellen lassen. Korrekt ist die Übung dann, wenn Ihr Pferd anzieht, sobald Sie mit der Hand vorgehen, und wenn Sie dabei den deutlichen Impuls aus der Hinterhand spüren. Dann nimmt Sie Ihr Pferd auch schön mit in die Bewegung und Sie kommen zum Sitzen. Bei fauleren Pferden darf das frische Vorwärtstreten etwas länger dauern, bei fleißigen können Sie bereits nach einigen Tritten das Tempo wieder bei gut untertreibenden Hilfen leicht abfangen. Achten Sie dabei stets auf die Erhaltung des Taktes und des Tempos. Ihr Pferd darf weder davoneilen noch langsamer werden und schon gar keine Taktfehler während der Übergänge oder der Verstärkung zeigen. Erhöhen Sie deshalb den Schwung anfangs nur leicht und schulen Sie dabei Ihr Takt-

gefühl. Es macht keinen Sinn, gleich mit einem spektakulären starken Trab anfangen zu wollen, obwohl das Pferd sich noch nicht einmal korrekt versammelt und damit die für gute Verstärkungen nötige Hankenbeugung noch gar nicht erzeugen kann.
Nach einiger Zeit werden Sie feststellen, dass Ihr Pferd deutlich aktiver in der Hinterhand geworden ist und immer besser über den Rücken schwingt. Ich möchte an dieser Stelle nochmals festhalten, dass die Behauptung, jedes korrekt über den Rücken tretende Pferd sei problemlos zu sitzen, so nicht stimmt. Viele Pferde mit durchhängendem Rücken sitzen sich recht bequem, da sie ja den Schwung ihrer Bewegungen kaum auf ihren Rücken übertragen. Pferde mit festgehaltenem Rücken hingegen sind meist unangenehm zu sitzen, da sie ihren Reiter „werfen" und dabei „hart" sind. Sie können also keinesfalls nur vom Sitz des Reiters auf einen korrekt oder schlecht schwingenden Pferderücken schließen. Vielmehr ist es so, dass die Anforderungen an die Geschmeidigkeit Ihrer Mittelpositur bei sehr schwungvollen Pferden sehr hoch sein können. Insbesondere Reiter mit Bewegungseinschränkungen im Bereich von Becken, Hüften und Rücken können damit leicht überfordert sein. Sollten Sie also den vermehrten Schwung nicht geschmeidig ausbalancieren können, achten Sie vor allem darauf, sich nicht festzumachen und regelmäßig zu atmen. Die meisten Pferde vertragen leichter einen etwas unausbalancierten Reiter als einen, der sich festklammert. Behalten Sie Ihre eigene Losgelassenheit also bei, werden Sie bald besser mit dem

1 Durch das zu eilige Tempo verkürzt sich der Raumgriff. Das ganze Pferd ist sichtlich angespannt.
2 Misslungene Schwungentfaltung. Es wurde für den Augenblick zu viel gefordert. Das Pferd ist eilig geworden, tritt kürzer statt mit besserem Raumgriff und wird eng im Hals. Es „läuft".

1

2

Korrekte Schwungentfaltung bei genügend Rahmenerweiterung und diagonaler Fußfolge

vermehrten Schwung Ihres Pferdes zurechtkommen und geschmeidiger in der Bewegung mitschwingen können.

Aber zurück zur Schwungentfaltung. Im Galopp sollten Sie obige Übung erst durchführen, wenn diese Gangart bei Ihrem Pferd gefestigt ist. Im Galopp liegt der Schwerpunkt vorerst eher beim Zulegen, da ein verfrühtes Verkürzen des Galopps das Pferd zum Ausweichen mit der Hinterhand und zu Taktverlust verleitet, was nur schwer wieder zu korrigieren ist. Um im Galopp vermehrten Schwung zu erarbeiten, galoppieren Sie zunächst am besten auf dem Zirkel. Reiten Sie jeweils drei bis vier Galoppsprünge energischer vorwärts und achten Sie dabei auf die korrekte Anlehnung und den gleichbleibenden Takt. Danach nehmen Sie Ihr Pferd bei weiterhin gut untertrei-

1 Schön entwickelte Trabverstärkung mit viel Ausdruck, genügend Rahmenerweiterung und diagonaler Fußfolge
2 Stark gestörte Fußfolge. Hinten wird die Bewegung ausgebremst.

benden Hilfen in das ursprüngliche Tempo zurück. Dabei dürfen Sie auf keinen Fall am Zügel ziehen. Kommt Ihr Pferd noch nicht zurück, dosieren Sie das nächste Zulegen etwas vorsichtiger. Ziel muss mit der Zeit das Zurückkommen am Sitz sein, also durch Abkippenlassen des Beckens und Ihre Atmung.
Klappt diese Übung einwandfrei, üben Sie das Zulegen an der langen Seite. Dazu zählen Sie die Galoppsprünge, die Sie für eine lange Seite benötigen. Bei einem mittleren Galoppsprung rechnet man für 40 m acht bis neun Galoppsprünge, bei Ponys und Kleinpferden entsprechend mehr. Da bei korrekter Schwungentwicklung der Raumgriff vergrößert wird, werden Sie mit der Zeit also weniger Galoppsprünge für diese Strecke benötigen. Achten Sie darauf, dass

Schwungvoller Galopp, gut unter den Schwerpunkt gesprungen

die leichte Anlehnung weder beim Zulegen noch beim Aufnehmen oder in den Übergängen verloren geht.
Entwickeln Sie ein Gefühl dafür, wie viel Hankenbeugung Sie Ihrem Pferd abverlangen dürfen. Denn genau das tun Sie bei der Schwungentwicklung. Ein ungymnastiziertes Hinterbein können Sie nicht über längere Zeit hinweg beugen. Beginnen Sie mit wenig und steigern Sie die Anforderungen langsam. Das Kontrollinstrument Anlehnung hilft Ihnen, rechtzeitig zu erkennen, wenn die Beugefähigkeit der Hanken erreicht ist. Sobald die Anlehnung schlechter wird oder das Pferd sie ganz aufgibt, müssen Sie durch frisches Vorwärtsreiten in Dehnungshaltung die Losgelassenheit wiederherstellen und es für diesen Tag genug sein lassen.

Mit der Schwungentwicklung haben Sie begonnen, die rohe Schubkraft des Pferdes in Tragkraft umzuwandeln.

LÖSUNGEN FÜR PROBLEME BEI DER SCHWUNGENTFALTUNG

- Wird Ihr Pferd bei der Schwungentfaltung eilig, haben Sie es mit dem Zulegen vermutlich übertrieben und das Pferd hat seine Balance verloren. Oder aber seine Hanken können für eine Verstärkung noch nicht genügend Federkraft entwickeln. Legen Sie nur sehr moderat zu und steigern Sie die Anforderungen immer nur so stark, dass Ihr Pferd im Gleichgewicht bleibt.
- Vorderlastige Pferde mit Gebäudeschwierigkeiten oder viel Vorwärtsdrang quittieren Ihre Bemühungen um Temporegulierung gerne durch das Verkriechen hinter dem Zügel. Bleiben Sie mit dem Zügel nicht hängen, sondern wiederholen Sie Ihre Paraden so oft, bis das Pferd auf die gewünschte Weise reagiert. Sie dürfen die Paraden auch verstärken. Geben Sie aber nach dem Durchkommen sofort nach und werden Sie dann wieder ganz leicht mit der Hand.
- Macht sich das Pferd beim Verstärken oder Verkürzen des Tempos im Rücken fest, müssen Sie ebenfalls die Anforderungen reduzieren und sich der Geschmeidigkeit des Pferdes anpassen. Achten Sie auf Ihre losgelassene Mittelpositur und Ihre leichte Zügelführung.
- Verhält sich Ihr Pferd, regen Sie es durch frisches Vorwärtsreiten dazu an, sich zu strecken und loszulassen.
  Erst wenn es Ihre treibenden Hilfen wieder annimmt und locker über den Rücken an die Hand herantritt, dürfen Sie mit der Übung zur Schwungentfaltung fortfahren. Achten Sie auch hier auf Ihren Sitz.
- Gibt Ihr Pferd während Ihrer Übungen zur Schwungentfaltung die Anlehnung auf, ist das ein Zeichen von Überforderung. Wahrscheinlich legen Sie zu stark zu, nehmen zu stark auf oder durchreiten zu enge Wendungen. Ihr Pferd hat in diesem Fall aber die für derartige Übergänge und schwungvoll gerittene Wendungen nötige Biegsamkeit seiner Hanken noch nicht erreicht. Schalten Sie einen Gang zurück und erfühlen Sie, wie viel Ihr Pferd zulegen und aufnehmen kann und wie eng die Wendungen sein dürfen, ohne dass Losgelassenheit und Anlehnung aufgegeben

Achten Sie bei der Schwungentfaltung auf Ihren losgelassenen Sitz. Solches „Klemmen" macht den Rücken des Pferdes fest.

Achten Sie auf das richtige Maß an Körperspannung und bereiten Sie jeden Übergang sorgfältig vor. Hier stimmt zwar der Rahmen, das Pferd ist aber etwas auseinander gefallen und verliert daher den Schwung.

werden. Achten Sie weiter auf eine gefühlvolle Handeinwirkung.

- Der taktreine Gang ist eine der Grundvoraussetzungen für die Korrektheit einer Lektion. Daher gelten Taktfehler als grobe Fehler, die keinesfalls ignoriert werden dürfen. Verfeinern Sie Ihre Paraden und geben Sie Ihre treibenden Hilfen mit Taktgefühl. Bleiben Sie losgelassen sitzen. Reduzieren Sie die Anforderungen so weit, dass alle Übergänge im Takt geritten werden können. Das Reiten vieler Übergänge hilft Ihnen, Ihr Taktgefühl zu schulen und zu verbessern. Lässt sich das Problem so nicht beheben, sollten Sie Rücken und Beine Ihres Pferdes überprüfen lassen.
- Grober Ungehorsam wie das Hochreißen des Kopfes oder Davonstürmen sind Reaktionen auf überfallartige bzw. unverhältnismäßige Einwirkung. In einigen Fällen deuten sie auch auf Verspannungen oder Schmerzen hin, die sich erst jetzt bemerkbar machen, da das Pferd nun seine Hinterhand im Vergleich zu vorher deutlich stärker engagieren muss. Dadurch werden seine Hanken stärker gebeugt und die Wirbelsäule noch mehr gestreckt. Im Falle von Verspannungen oder krankhaften Veränderungen im Bereich der Wirbelsäule oder Hinterhandsgelenke kann dies bei verstärkten Anforderungen zu Problemen führen.

Gehen Sie Hinweisen auf körperliche Leiden auf jeder Ausbildungsstufe nach und arbeiten Sie jedes Pferd nach seinen Möglichkeiten. Kompromissbereites Ausbilden führt zum besten Erfolg.

DIE GERADERICHTUNG

- 143 Was ist Geraderichtung
- 146 Die Hilfen für das korrekte Schultervor
- 150 Schulterherein
- 151 Travers, Renvers und Traversale

WAS IST GERADERICHTUNG?

Die Geraderichtung hat nur teilweise mit der Fähigkeit des Pferdes zu tun, sich geradeaus zu bewegen. Vielmehr sollen sich die Hinterbeine des gerade gerichteten Pferdes spurdeckend zu den Vorderbeinen bewegen. Sie dürfen also nicht nach innen oder außen ausweichen. Bei vollständiger Geraderichtung sollen die Hinterbeine auch möglichst gerade treten, ohne fuchtelnde Umwege. Gerade gerichtet ist demnach ein Pferd, wenn die Vorhand sowohl auf geraden als auch auf gebogenen Linien auf die Hinterhand eingerichtet ist.
Erst das gerade gerichtete Pferd ist in der Lage, auf beiden Händen gleichmäßig Kraft und Geschmeidigkeit zu entwickeln und somit auch Lektionen auf beiden Händen gleich gut auszuführen. Es ist auch erst in diesem Zustand vollkommen im Gleichgewicht und kann sich in sicherer Selbsthaltung tragen, ohne sich immer wieder auf der Reiterhand eine Stütze zu suchen. Das bedeutet natürlich, dass die Anlehnung umso gleichmäßiger und leichter wird, desto gerade gerichteter ein Pferd ist. Außerdem sorgt die gerade richtende Arbeit für die endgültige Losgelassenheit des Rückens, was bedeutet, dass erst das gerade gerichtete Pferd zu vollkommener Durchlässigkeit finden kann.
Am wichtigsten aber ist, dass das Geraderichten für eine gleichmäßige Gewichtsverteilung sorgt und so unnötigen Verschleißerscheinungen vorbeugt. Denn nichts ist schädlicher für ein Pferd als sein schiefes Gehen unter Gewichtsbelastung. Die Geraderichtung trägt also ganz wesentlich zur langfristigen Gesunderhaltung Ihres Sportkameraden bei.
Ein gerade gerichtetes Pferd erkennen Sie daran, dass es vollkommen gerade wirkt (1). Die natürlicherweise breiter tretenden Hinterbeine fußen beim gerade gerichteten Pferd schmaler und folgen spurgetreu den Vorderbeinen. Dies ist wiederum nur möglich, wenn sich die großen Gelenke der Hinterhand so beugen können, dass sich kein Bein durch seitliches Ausweichen dem Beugegang entzieht. Dann folgen die Hinterbeine der Spur der Vorderbeine auf der Geraden wie auch in allen Wendungen spurtreu, und zwar in allen Gangarten und Übergängen.

So sieht Geraderichtung aus

1

Optisch können Sie dies nachprüfen, indem Sie von vorne auf einen Spiegel zureiten. Die Hinterhufe müssen exakt auf der Linie der Vorderhufe fußen. Tritt das Pferd mit einem oder beiden Hinterhufen neben den Spuren der Vorderhufe, ist die Geraderichtung noch mangelhaft. Dies gilt für alle Gangarten.
Das gerade gerichtete Pferd lässt sich jederzeit leicht und gleich gut auf beiden Seiten wenden und folgt Ihrem inneren Gesäßknochen. Es führt sämtliche Lektionen auf beiden Händen gleich sicher und in Selbsthaltung aus.
Der näheren Klärung bedarf zunächst der Begriff der Längsbiegung. Bislang ging man davon aus, dass die Brustwirbelsäule des Pferdes eine gewisse Biegsamkeit aufweist. Die einzelnen Brustwirbel sind aber sehr eng durch verschiedene Gelenkfortsätze miteinander verbunden. Dies legt den Schluss nahe, dass die Biegsamkeit dieses Wirbelsäulenabschnittes deutlich geringer als bislang angenommen ist. Heute geht man deshalb eher davon aus, dass die Längsbiegung, die für das spurtreue Fußen notwendig ist, durch die Dehnung der äußeren Muskelgruppen zustande kommt. Sicher ist, dass sich in korrekt gebogenen Wendungen die innere Hüfte und Schulter nähern, während die äußere Hüfte und Schulter weiter voneinander entfernt sind. Wenn sich nun also die Wirbelsäule zwischen diesen

Nutzen Sie jede Ecke und jede Wendung, um Stellung und Längsbiegung zu verbessern.

Bei diesem Pferd zeigt sich die Schiefe im Linksgalopp besonders deutlich. Trotz gutem Untersprung kommt die Biegung nicht richtig durch. Das Pferd verwirft sich im Genick (Sie erkennen das unter anderem an den Ohren, die sich auf unterschiedlicher Höhe befinden).

Körperabschnitten nicht entsprechend biegen kann, muss zumindest die äußere Muskulatur eine entsprechende Dehnfähigkeit aufweisen, damit man überhaupt von einer Längsbiegung sprechen kann. Grundsätzlich erarbeiten Sie die Geraderichtung über den Umweg dieser Längsbiegung. Denn diese ermöglicht Ihnen, das jeweils innere Hinterbein vermehrt unter Kontrolle zu bringen und zu gymnastizieren. Für eine erste, noch relativ primitive Geraderichtung reicht es, alle Wendungen in korrekter Längsbiegung zu durchreiten. Wollen Sie Ihr Pferd ordentlich gerade richten, werden Sie auf die Arbeit in Seitengängen zurückgreifen müssen. Denken Sie daran, dass das Ziel ist, beide Hanken gleich beweglich und kräftig zu machen. Lassen Sie sich deshalb nicht dazu verleiten, vorwiegend auf der einfacheren Seite zu arbeiten. Das würde die Schiefe des Pferdes höchstens noch verstärken.

Die Schiefe eines Pferdes zeigt sich je nach Körperbau, Veranlagung und Ausbildungsstand recht individuell. Oft fußen ein oder beide Hinterbeine etwas breiter als die Vorderbeine oder die Hinterhand weicht ins Bahninnere aus. Es kann auch sein, dass Sie das Gefühl haben, das Pferd klebe mit seiner äußeren Schulter an der Bahnabgrenzung, lasse sich auf einer Seite schlechter wenden oder falle auf die innere Schulter.

Als erste Korrekturmaßnahme dient das Reiten im Schultervor. Sie richten damit die Vorhand Ihres Pferdes auf seine Hinterhand ein.

Dabei führen Sie die Schulter Ihres Pferdes so weit in die Bahn hinein, dass man von vorne gesehen seinen inneren Hinterfuß zwischen seinen Vorderbeinen sieht. Dabei fußt das äußere Hinterbein auf das äußere Vorderbein und das Pferd nimmt eine gleichmäßige, noch unauffällige Biegung nach innen an. Genauer gesagt spannen sich die Streckmuskeln der inneren Seite so viel ab wie sich diejenigen der äußeren Seite dehnen. Dabei kommt die innere Hüfte des Pferdes ganz minimal vor, die Schulter ganz leicht zurück.

DIE HILFEN FÜR DAS KORREKTE SCHULTERVOR

- Führen Sie mit dem äußeren Zügel die Schulter Ihres Pferdes ganz leicht nach innen (er darf auch verwahrend am Hals anliegen oder etwas Druck auf den Hals ausüben, solange das Pferd noch nicht ganz gleichmäßig an beide Zügel herantritt). Er erhält die Richtung und bestimmt das Tempo.
- Schieben Sie Ihre innere Hüfte ganz leicht vor. Dadurch kommt Ihr inneres Bein etwas vor (parallel der Pferdehüfte), das äußere zurück. Gleichzeitig nehmen Sie Ihre äußere Schulter ganz leicht nach vorne (parallel der Pferdeschulter). Die innere Schulter bleibt in ihrer Position oder wird bei Bedarf sogar etwas zurückgenommen, da sie sonst der angestrebten Entlastung der äußeren Pferdeschulter entgegenwirken würde! In Wendungen verstärken Sie diese Haltung entsprechend der Wendung und belasten ihren inneren Gesäßknochen etwas stärker.
- Der innere Zügel gibt eine leichte Stellung vor. Die Hand darf dabei nicht fest werden.
- Der treibende innere Schenkel sorgt dafür, dass die Hinterhand nicht nach innen in die Bahn ausweicht, sondern das Pferd an den äußeren, verwahrenden Zügel herantritt.
- Der verwahrende äußere Schenkel verhindert das Ausfallen des äußeren Hinterfußes.

Ziel dieser Übung ist, das Pferd dazu zu veranlassen, Ihre Schenkel zu akzeptieren und sich an Ihren äußeren Zügel heranzudehnen.

- Ihre Hüften bestimmen die Position Ihrer Beine.
- Ihre Schultern bestimmen die Position Ihrer Arme und Hände.
- Positionieren Sie Ihre Hüften stets parallel zu den Pferdehüften und Ihre Schultern parallel zu den Pferdeschultern.

Erst wenn das Pferd dies tut, können Sie es mit leichteren Hilfen und später nur mit Gewichtshilfen Schultervor richten. Was aber noch viel wichtiger ist: Erst jetzt tritt Ihr Pferd korrekt an den äußeren Zügel heran und lässt sich mit diesem führen, sodass der innere Zügel völlig für seine eigentliche Aufgabe, das Stellen, frei bleibt. Die Anlehnung hat sich dadurch um einen bedeutenden Schritt verbessert.

Haben Sie bei dieser Übung das Gefühl, keine Kontrolle über die äußere Schulter zu bekommen oder am inneren Zügel festzuhängen, können Sie Ihr Pferd kurzfristig energisch an die äußeren Hilfen herantreiben, notfalls auch mit Außenstellung. Sobald Sie das Gefühl haben, die Schulter wieder unter Kontrolle haben, können Sie diese leicht nach innen führen. Besonders in hartnäckigen Fällen sind dabei Ihre Geduld und Ihr Einfühlungsvermögen gefragt, um dauerhaft einen Schritt weiterzukommen.

Treten bereits in dieser Phase der Geraderichtung Schwierigkeiten auf, sollten Sie sich fragen, ob Sie vielleicht einige Punkte auf der Ausbildungsskala abgekürzt haben, was sich spätestens an dieser Stelle massiv rächt.

Es gibt keinen Weg, die seriöse Ausbildung abzukürzen. Hier hilft nur: Zurück zu den Wurzeln.

Starke Schwierigkeiten im Galopp können ihre Ursache ebenfalls in einer ausgeprägten Schiefe haben. Möglicherweise lässt sich so ein Pferd erst dann im Galopp wirklich los und sucht Ihre weiche Anlehnung, wenn es einigermaßen gerade gerichtet ist. Da dies aber bei extremen Schieflingen im Galopp

1 Das Pferd tritt nicht an den äußeren Zügel heran. Zunächst hängt der innere Zügel durch und es wird mit dem inneren Schenkel energisch an den äußeren Zügel herangetrieben.
2 Da es immer noch nicht bereit ist, an den äußeren Zügel heranzutreten, wird kurzfristig mit Außenstellung geritten...
3 ...bis das Pferd schlussendlich korrekt an beide Zügel herantritt.

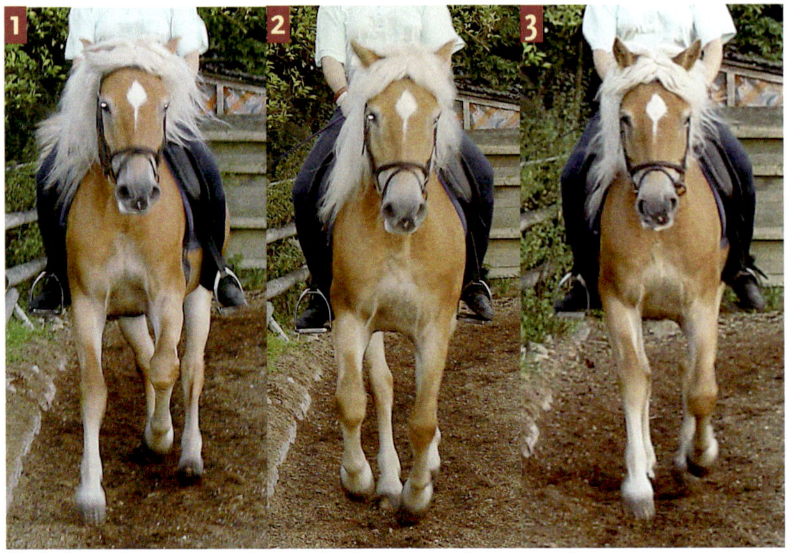

Hier zeigt sich die Schiefe auf der Geraden.
1 Die gesamte Hinterhand weicht nach innen aus.
2 Das Pferd weicht immer noch über die äußere Schulter aus.
3 Die äußere Schulter ist so weit unter Kontrolle, dass man von beginnender Geraderichtung sprechen kann.

sehr schwierig zu erreichen ist, sollten Sie solche Pferde vorerst im Schritt und Trab so weit wie möglich gerade richten und die Galopparbeit während dieser Zeit auf das Minimum beschränken, das z. B. zum Lösen des Pferderückens nötig ist.
Um die Geraderichtung weiter zu verbessern, reiten Sie nicht mehr nur an den langen Seiten im Schultervor, sondern achten nun auch auf das peinlichst genaue Ausreiten aller Ecken. Auch in Volten und auf dem Zirkel wird die Vorhand leicht Schultervor gestellt, damit die Hinterhand spurtreu folgt und keinen kleineren oder größeren Radius abschreitet als die Vorhand. Fußt Ihr Pferd in solchen Wendungen spurtreu, dehnt es seine äußere Seite gleichmäßig und beugt seinen inneren Hinterfuß korrekt. Um die Längsbiegung und die Biegung der Hanken weiter zu verbessern, eignet sich das Reiten von Achten und Schlangenlinien in korrekter Längsbiegung sehr.
Im Galopp zeigen sich Schiefen oft am deutlichsten. Das Hereindriften der Hinterhand in die Bahn muss daher konsequent korrigiert werden. Zur Förderung der Geraderichtung in dieser Gangart eignet sich ebenfalls das Schultervor sowie das Reiten auf dem zweiten Hufschlag (also ohne Bandenanlehnung). Neigt Ihr Pferd zum Schiefwerden beim Zulegen, richten Sie es in den Ecken vor dem Zulegen Schultervor.

Werden Pferde während der Arbeit ohne ersichtlichen Grund plötzlich schief, so wurde meist etwas von ihnen gefordert, das die Beugefähigkeit ihrer Hanken bzw. die Dehnungsfähigkeit ihrer Muskulatur überfordert. Also z. B. zu enge Wendungen oder der Versuch, das Pferd stärker zu versammeln, als es dazu fähig ist. Das Pferd entzieht sich dann jeder verstärkten Belastung seiner Hinterhand durch mehr oder weniger starkes seitliches Ausweichen. Es rutscht über die Schulter weg, verwirft sich im Genick und mogelt sich völlig schief durch die Wendung. Auf der Geraden weicht die Hinterhand meist ins Bahninnere aus. Zusätzlich sucht es sich eine Stütze auf Ihrer Hand, und zwar meist recht einseitig.

Passen Sie sämtliche Wendungen der bereits erreichten Dehnfähigkeit der Muskulatur und Beugefähigkeit der Hanken an. Aufschluss über eine eventuelle Überforderung gibt Ihnen Ihr Pferd stets über die Anlehnung. Denn nur wenn Ihr Pferd eine Wendung mit tragender Hinterhand absolvieren kann, kann es auch die gleichmäßige Anlehnung beibehalten.

Die weiterführenden gerade richtenden Übungen beinhalten das korrekte Reiten vieler Wendungen – zuerst natürlich größerer, die dann mit verbesserter Längsbiegung und Hankenbeugung enger werden dürfen. Die Korrektheit Ihrer biegenden Arbeit erkennen Sie daran, dass Ihr Pferd in Wendungen spurtreu tritt und sich der lästigen Beugung der Hanken nicht mehr durch seitliches Ausweichen zu entziehen sucht. Dabei bleibt die Anlehnung stets weich und gleichmäßig. Außerdem wird Ihr Pferd anfangen, sich um Ihren inneren, belasteten Gesäßknochen zu biegen, also Ihren Gewichtsverlagerungen folgen und Sie in den Wendungen auch ohne Ihr Bemühen richtig hinsetzen.
Ist Ihr Pferd auf einfachen Linien gerade gerichtet, fördern Sie die Geraderichtung weiter, indem Sie es vermehrt im Schulterherein reiten. Dabei wird das jeweilig innere Hinterbein stärker gebeugt. Wichtig ist auch hier, dass Sie beide Hanken gleich biegsam und kräftig machen. Natürlich darf anfangs die Beugung auf der schlechteren Seite nicht übertrieben werden, da Ihr Pferd sonst überfordert würde. Klappt das Schulterherein, können Sie im Travers auch das äußere Hinterbein unter Kontrolle bringen. Später arbeiten Sie in sämtlichen Seitengängen. Wenn Ihr Pferd alle Seitengänge in allen Gangarten einwandfrei und auf beiden Händen gleich gut beherrscht, dürfen Sie davon ausgehen, dass seine Geraderichtung weitgehend optimiert ist. Dennoch muss ein Pferd während seines gesamten Lebens immer wieder gerade gerichtet werden, sodass Sie den Prozess niemals als völlig abgeschlossen betrachten können.

Während Ihrer gerade richtenden Arbeit sind Losgelassenheit und Anlehnung wichtige Gradmesser der Korrektheit.

Die verschiedenen Seitengänge und ihre Ausführung möchte ich hier nur kurz anschneiden. Gehören Sie noch zu den eher unerfahrenen Reitern und möchten mit Ihrem Pferd die Seitengänge erarbeiten, empfehle ich Ihnen auf jeden Fall die Zusammenarbeit mit einem erfahrenen Ausbilder. Falsch gerittene Seitengänge können die Gelenke Ihres Pferdes genauso schädigen wie korrekt gerittene Seitengänge seine Beweglichkeit verbessern!
Idealerweise beginnen Sie mit allen Seitengängen im Schritt, bis Sie das korrekte Zusammenwirken Ihrer Hilfen beherrschen und Ihr Pferd die Hilfen annimmt. Später erarbeiten Sie die Seitengänge im Trab und im Galopp. Das Zusammenwirken der Hilfen soll dabei immer feiner werden, sodass das Pferd mit der Zeit lernt, der reinen Gewichtsverlagerung seines Reiters zu folgen.

SCHULTERHEREIN

Beim Schulterherein bleibt die Hinterhand auf dem Hufschlag und bewegt sich nahezu geradeaus. Die Vorhand wird so weit in die Bahn hineingeführt, dass die äußere Schulter des Pferdes vor die innere Hüfte gerichtet ist. Damit spurt der innere Hinterfuß in Richtung des äußeren Vorderfußes. Das Pferd biegt sich gleichmäßig um den inneren Schenkel und geht üblicherweise auf drei Hufschlaglinien. Belasten Sie im Schulterherein den inneren Gesäßknochen sowie den inneren Steigbügel verstärkt (nicht in der Hüfte einknicken!). Drehen Sie Ihre äußere Schulter parallel zur Schulterstellung Ihres Pferdes und treiben Sie Ihr Pferd mit dem inneren Schenkel gegen den äußeren verwahrenden Zügel und Schenkel, die ein Ausfallen der Hinterhand verhindern. Dabei wird der innere Hinterfuß gebeugt und es entsteht eine ebenmäßige Längsbiegung. Ist Ihr Pferd bereits gut in den Seitengängen ausgebildet, können Sie sich vorstellen, dass sich Ihr Pferd um Ihren inneren Gesäßknochen herum biegt. Es soll also mit der Zeit nur noch Ihren Gewichtsverlagerungen folgen. Fehlerhaft wäre ein Ziehen am inneren Zügel, da es das Untertreten des inneren Hinterbeines blockieren sowie ein Ausfallen über die äußere Schulter begünstigen würde. Tritt Ihr Pferd mit korrekt gebeugtem Hinterfuß und in korrekter Längsbiegung, können Sie mit dem inneren Zügel zur Kontrolle der Durchlässigkeit überstreichen; Ihr Pferd sollte in Stellung und Biegung bleiben.

1 Schulterherein im Schritt auf linker Hand
2 Travers im Schritt auf linker Hand

TRAVERS, RENVERS UND TRAVERSALE

Beim Travers ist Ihr Pferd in Bewegungsrichtung gestellt und gebogen. Die Vorhand verweilt auf dem Hufschlag. Die Hinterhand wird so weit in die Bahn geführt, dass sich das Pferd auf vier Hufschlaglinien bewegt. Auch hierbei wird der innere Hinterfuß gebeugt und das Pferd gebogen. Sie können im Travers aber auch das äußere Hinterbein gut kontrollieren. Auf der rechten Hand belasten Sie den rechten Gesäßknochen und Bügel und drehen Ihre linke Schulter entsprechend der linken Schulter Ihres Pferdes. Ihr linker Schenkel treibt das Pferd seitwärts, während der rechte die Längsbiegung fordert und die Vorwärtstendenz erhält. Der linke Zügel führt, der rechte stellt. Auch hier soll das Pferd mit der Zeit der reinen Gewichtsverlagerung folgen. Anfänglich kann das Travers auch auf drei Hufschlaglinien geritten werden.

Auch im Renvers ist das Pferd in Bewegungsrichtung gestellt und gebogen, allerdings bleibt hier die Hinterhand auf dem Hufschlag und die Vorhand wird in die Bahn geführt. Abstellung und Längsbiegung entsprechen dem Travers.
Im Renvers belasten Sie auf der rechten Hand den linken Gesäßknochen und Bügel. Sie drehen Ihre rechte Schulter im Drehsitz entsprechend der Schulterstellung des Pferdes mit, treiben mit dem rechten Schenkel seitwärts und erhalten die Vorwärtstendenz und Biegung mit Ihrem linken Schenkel. Der rechte Zügel führt, der linke stellt das Pferd.

Das unzureichend gymnastizierte Pferd zieht seinen Reiter gerne in seine Schiefe hinein. Hier muss der Reiter also bemüht sein, seinen Sitz korrekt zu gestalten.
Anders ausgedrückt können Sie davon ausgehen, dass Ihr Pferd zufriedenstellend gerade gerichtet ist, sobald es Sie sowohl auf der Geraden als auch in allen Wendungen und Seitengängen ohne Ihr aktives Bemühen automatisch richtig hinsetzt.

In der Traversale bewegt sich das Pferd nahezu parallel einer gedachten Linie, wobei die Vorhand leicht vorausgeht. Das Pferd geht in Bewegungsrichtung gestellt und gebogen. Bei der Traversale nach rechts belasten Sie den rechten Gesäßknochen, drehen Ihre linke Schulter entsprechend der Schulterstellung des Pferdes, treiben mit dem linken Schenkel seitwärts und erhalten die Vorwärtstendenz mit dem rechten Schenkel. Der linke Zügel führt, der rechte stellt. Bleiben Sie mit dem rechten Zügel hängen oder ziehen Ihr Pferd seitwärts, kann es mit den Hinterbeinen nicht mehr schwungvoll überkreuzen. Zu starkes Überkreuzen ist übrigens gymnastizierend nicht sinnvoll, da das Pferd hierbei an seinem Schwerpunkt vorbeitritt.

1 **Renvers im Schritt auf rechter Hand**
2 **Erste Traversalverschiebungen eines jungen Pferdes mit noch recht deutlicher Hilfengebung**

DIE VERSAMMLUNG

- 154 Was ist Versammlung?
- 157 Probleme und ihre Lösungen bei der Erarbeitung der Versammlung

WAS IST VERSAMMLUNG?

Bei korrekter Versammlung übernehmen die Hinterbeine des Pferdes bei stärker gebeugten Hanken vermehrt die Last und treten weiter unter den Schwerpunkt. Dadurch wird die Vorhand entlastet und das Pferd richtet sich relativ zur erreichten Hankenbeugung auf. Daher ist ein leicht versammeltes Pferd weniger stark aufgerichtet als ein gut versammeltes. In fortgeschrittener Versammlung scheint das Pferd bergauf zu gehen. Die Schritt-, Tritt- und Sprunglänge wird kürzer, allerdings ohne Einschränkung an Fleiß und Aktivität. In hoher Versammlung wird durch das aktivere Vorschwingen der Hinterbeine unter den Schwerpunkt die Schwebephase deutlicher ausgehalten, die Tritte werden kadenziert. Bei einem korrekt versammelten Pferd ist die Umwandlung der rohen Schubkraft in Tragkraft abgeschlossen.

Erst durch die mit der Versammlung erreichte bestmögliche Streckung der Wirbelsäule wird die Losgelassenheit und damit die Anlehnung des Pferdes optimiert. Dadurch erreichen Sie das Ziel der Ausbildung, die höchst mögliche Durchlässigkeit des Pferdes.

Wichtigstes Kriterium korrekter Versammlung ist die Beugung der großen Hankengelenke, also der Knie- und Hüftgelenke. Dabei ist zu bedenken, dass nicht jedes Pferd eine gleich starke Hankenbeugung erreichen kann. Besonders Pferde mit Exterieurmängeln oder gesundheitlichen Einschränkungen haben manchmal eine deutlich eingeschränkte Versammlungsfähigkeit. Obwohl sich die Hankenbeugung durch gezielte Gymnastizierung verbessern lässt, sind Gelenken, die eher flachwinklig zueinander stehen, gewisse naturgegebene Grenzen gesetzt. Wesentlich ist, dass die höhere Aufrichtung der Vorhand durch die federnde Hankenbeugung zustande kommt und nicht durch die Reiterhand. Der Gang des korrekt versammelten Pferdes zeichnet sich durch eine gute Federkraft der Hinterbeine aus. Er wird in der Vorhand freier (leichtfüßiger) und wirkt erhabener und kadenzierter.

Mangelnde Versammlung resultiert in der Regel daraus, dass die Hanken des Pferdes für die verlangte Beugung noch nicht geschmei-

Durch die vermehrte Hankenbeugung richtet sich der Hals des Pferdes relativ vor dem Reiter auf. Die Vorhand wird freier.

dig genug sind. Die Ursache sind meist Mängel oder Lücken in der Vorarbeit, können aber auch im Gebäude und der natürlichen Versammlungsfähigkeit des Pferdes zu suchen sein.
Daneben führt falsch verstandene Versammlung zu vielerlei Fehlern. Darunter fallen Ausbildungssünden wie das künstliche Aufrichten des Halses durch verstärkte Handeinwirkung (= absolute Aufrichtung). Dabei wird die Rückentätigkeit und damit die Aktivität der Hinterhand empfindlich gestört. Oft werden auch nur die unteren Gelenke gebeugt. Eine ähnliche Wirkung hat das „langsam reiten", wobei das Pferd seinen Schwung einbüßt und manchmal sogar die Hinterhand schlurft.
Ein weiterer Fehler ist die Neigung zu Schwebetritten, verursacht durch einen festgehaltenen Rücken. Dieser Fehler ist oft zu sehen bei Pferden, die innerlich und äußerlich nicht genügend losgelassen sind oder einer Schnellbleiche unterzogen wurden. Um Ihr bislang korrekt ausgebildetes und vorbereitetes Pferd zu versammeln, fangen Sie am besten mit dem Reiten vieler flüssiger Übergänge an. Dabei stellen Sie beim Durchparieren mit gut vortreibenden Hilfen die Lastaufnahme der Hinterhand sicher und achten beim Antraben oder Angaloppieren auf den dynamischen Impuls aus der Hinterhand. Diese Übergänge reiten Sie auf geraden und auf gebogenen Linien, um gleichzeitig auch die Geraderichtung weiter zu fördern und das jeweils innere Hinterbein besonders stark zu kräftigen.

Bei sämtlichen versammelnden Übungen ist der frische Durchschwung der Hinterbeine zu erhalten.

Danach reiten Sie vermehrt Tempiwechsel innerhalb einer Gangart, wobei der Schritt wegen seiner Anfälligkeit für Taktfehler erst ganz zum Schluss kommt. Die durch das vermehrte Treiben erzeugte dynamische Schubkraft wird nun nicht durch die nachgebende Hand nach vorne herausgelassen, sondern mit gefühlvoll durchhaltenden Zügelhilfen abgefangen. Korrekt wirken die durchhaltenden Paraden immer auf das stützende Hinterbein und geben bereits wieder nach, wenn das Bein nach vorne durchschwingt. Die Zügelhilfen dürfen auch hier nicht rückwärts wirken.

Im Prinzip gelten alle Übungen, welche die Hinterbeine des Pferdes zu vermehrtem Tragen anregen, als versammelnde Lektionen. Dazu gehören nebst korrekt gerittenen Übergängen alle Seitengänge. Auch das Rückwärtsrichten ist eine versammelnde Lektion, die zur Überprüfung der Korrektheit sinnvollerweise mit sofortigem Antreten im Schritt, Trab oder Galopp kombiniert wird. Denken Sie daran, dass beim Rückwärtsrichten die Vorwärtstendenz so erhalten bleiben muss, dass das Pferd jederzeit sofort nach vorne antreten kann. Auch halbe Tritte dienen der Verbesserung der Versammlung. Dazu können Sie im Trab halbe Paraden geben, als ob Sie in den Schritt durchparieren wollten. In dem Augenblick, in dem das Pferd durchparieren möchte, reiten Sie wieder energisch nach vorne und wiederholen das Ganze, bis die Tritte beim Zurücknehmen kürzer und erhabener werden. Halbe Tritte können Sie auch aus dem Schritt entwickeln. Sicherheitshalber sollten Sie sich halbe Tritte mit Hilfe eines

erfahrenen Reitlehrers erarbeiten. Denn Fehler in dieser Arbeit können viel Schaden anrichten.
Eine Grundregel bei allen versammelnden und gerade richtenden Übungen ist, dass Sie jederzeit frisch nach vorne reiten können. Die Reinheit des Ganges und der federnde Durchtritt der Hinterbeine bleiben dabei stets erhalten.

Es liegt an Ihnen, die Beugefähigkeit der Hanken Ihres Pferdes richtig einzuschätzen. Als Kontrollinstrument dient Ihnen – wie immer – die korrekte Anlehnung.

PROBLEME UND IHRE LÖSUNGEN BEI DER ERARBEITUNG DER VERSAMMLUNG

- Taktfehler entstehen durch zu starke Handeinwirkung oder einen festgehaltenen Rücken, der bei Überforderung entsteht. Gehen Sie mit der Hand vor, reiten Sie frisch nach vorne und stellen Sie die Losgelassenheit wieder her, bevor Sie mit versammelnden Übungen fortfahren. Gehen Sie das nächste Mal behutsamer vor und achten Sie auf korrekte halbe Paraden.
- Gesellen sich zu den Taktfehlern Widersetzlichkeiten wie Kopfschlagen oder gegen die Hand gehen, so war die Handeinwirkung viel zu stark und Sie haben die Hebelwirkung des Halses missbraucht. Wahrscheinlich haben Sie vorherige Warnzeichen wie Festhalten des Rückens und Aufgeben von Losgelassenheit und Anlehnung missachtet. Versuchen Sie besser zu erfühlen, wie gut die Beugefähigkeit der Hanken Ihres Pferdes tatsächlich ist und reizen Sie diese nicht aus. Weniger ist oft mehr. Halten die Taktfehler oder Widersetzlichkeiten an, könnten die versammelnden Übungen Ihrem Pferd auch Schmerzen bereiten. Klären Sie diesen Punkt ab, bevor Sie weiter an der Versammlung arbeiten, und lassen Sie sich von einem erfahrenen Ausbilder unterstützen, bis sich Ihr Pferd in Takt, Losgelassenheit und korrekter Anlehnung versammeln lässt.
- Gibt Ihr Pferd seine Losgelassenheit und Anlehnung auf, so haben Sie es vermutlich ebenfalls überfordert. Stellen Sie beides wieder her und tasten Sie sich behutsamer an die Versammlung heran.
- Versucht sich Ihr Pferd auf die Hand zu legen, so kommen Ihre temporegulierenden halben Paraden nicht mehr durch. Geben Sie mit der Hand nach, reiten Sie frisch nach vorne, bringen die

Spanntritte bei festgehaltenem Rücken

Hervorragend versammelte Piaffe bei relativer Aufrichtung und korrekt gedehnter Oberlinie

Absolute Aufrichtung bei falsch verstandener „Versammlung". Die Hanken sind ungebeugt, der Rücken hängt durch, der Hals ist eng, das Pferd bleibt auf der Vorhand.

Anlehnung wieder in Ordnung und achten Sie bei den weiteren versammelnden Übungen auf eine gefühlvolle Handeinwirkung. Paraden dürfen nie zu lange durchhalten oder rückwärts wirken. Kommen sie nicht zufriedenstellend durch, geben Sie so lange halbe Paraden, bis Ihr Pferd die gewünschte Reaktion zeigt.

- Rollt sich Ihr Pferd ein und wird eng, so haben Sie höchstwahrscheinlich ebenfalls zu stark mit der Hand eingewirkt. Geben Sie deutlich nach und treiben Sie Ihr Pferd energisch an die Hand heran. Dehnt es sich nicht an die vorgeschobene Hand heran, reiten Sie es eine Weile lang in Dehnungshaltung über den Rücken, bevor Sie Ihre Übungen wiederaufnehmen.
- Stellen sich Spanntritte ein, so hält Ihr Pferd seinen Rücken fest. Lassen Sie Ihr Pferd so lange vorwärts-abwärts über den Rücken gehen, bis es sich wieder richtig loslässt.
- Wenn sich Ihr Pferd verhält bzw. seine Hinterbeine zu wenig lebhaft nach vorne durchschwingen, müssen Sie durch frisches Vorwärtsreiten seine Losgelassenheit wiederherstellen. Erst wenn der Rücken schwingt, kann Ihr Pferd die treibenden Hilfen wieder annehmen und schwungvoll nach vorne treten.
- Ein Ausweichen mit der Hinterhand deutet auf eine Überlastung der Beugefähigkeit der Hanken hin, der es sich durch dieses Schiefwerden zu entziehen sucht. Drosseln Sie Ihre Anforderungen so weit, bis Ihr Pferd wieder gerade geht. Erarbeiten Sie sich stärkere Versammlung nur in jeweils kurzen Reprisen, um Ihr Pferd nicht zu überanstrengen. Weicht Ihr Pferd immer mit demselben Hinterbein der Beugung aus, muss die Geraderichtung verbessert werden, damit beide Hinterbeine gleich geschmeidig und kräftig werden.

FEHLER UND URSACHEN ERKENNEN

▸ 160 Das Auge schulen

DAS AUGE SCHULEN

Auf den nächsten Seiten finden Sie Fotobeispiele zur Ergänzung der bisherigen Bilder. Anhand von Fallbeispielen werden Sie sehen, dass jedes Pferd gewisse Schwächen hat, die zu erkennen und so weit möglich zu beheben Ihre Aufgabe ist. Nebst diesen Schwächen gibt es natürlich noch verschiedene Problematiken, die bei den meisten Pferden anzutreffen sind (z. B. Vorderlastigkeit und Schiefe).
Die nachfolgenden Bilder sollen Ihnen helfen, Ihr Auge weiter zu schulen.
Jedes Foto ist nur eine Momentaufnahme, die Ihnen aber helfen kann, Tendenzen festzustellen sowie grobe Fehler zu erkennen. Wenn Sie diese richtig deuten und daran arbeiten, können Sie mit der Zeit viele Probleme abstellen.

STECKBRIEF

Haflingerstute, JG 1999, zwei Fohlen, in der Grundausbildung

HAUPTPROBLEME: Schnellbleiche als Remonte, sehr handlastig geritten. Einsatz enger Ausbinder zum Longieren, dadurch Taktfehler, ausgeprägte Schiefe, schlechte Dehnungsbereitschaft und Genickschwierigkeiten. Nach Zuchteinsatz schlaffer Muskeltonus insbesondere der Rückenmuskulatur.
WICHTIGSTE AUSBILDUNGSZIELE: Förderung der Dehnungsbereitschaft, Lösen des Genicks, Stimulation des Muskeltonus.

1 Hohe Kruppe, durchhängender Rücken, festes Hüftgelenk, falscher Knick. Dadurch fehlerhafter Gang ohne Dehnungsbereitschaft
2 Leichte Dehnung bei aufgewölbtem Rücken. Das Pferd folgt dem Zügel jedoch nur wenig in die Tiefe.

1 Nach dem Abfußen bleibt der Rücken zu wenig aufgewölbt.
2 Besser aufgewölbt in derselben Bewegungsphase. Die Haltung darf nicht enger werden.

1 Stellung und Biegung kommen zu wenig durch.
2 Die Nackenmuskulatur ist noch etwas angespannt.

1 Mangelhafte Dehnung der gesamten Oberlinie. Dadurch zu eng im Hals
2 Aufgerollt im Galopp, also ohne Losgelassenheit und Selbsthaltung

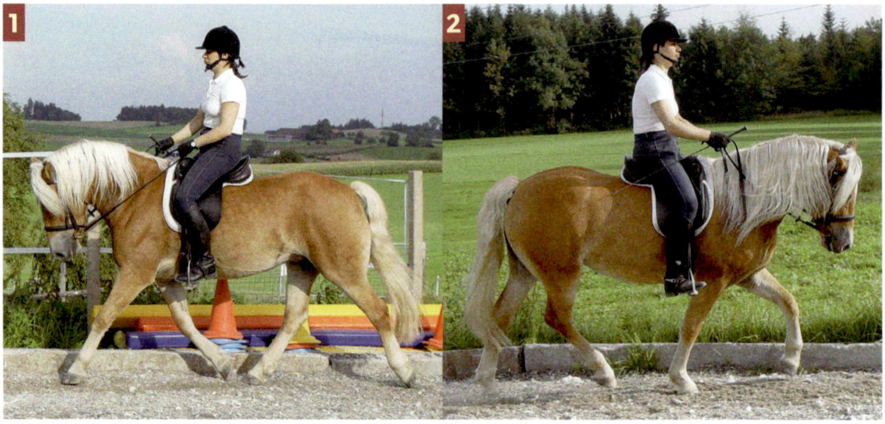

1 Etwas eng im Hals. Hochgezogener Schenkel der Reiterin
2 Angespannte Nacken- und Schulterpartie der Reiterin

1 Leichtfüßig, jedoch ist der Nackenbereich der Reiterin instabil.
2 Unspektakulär, aber korrekt

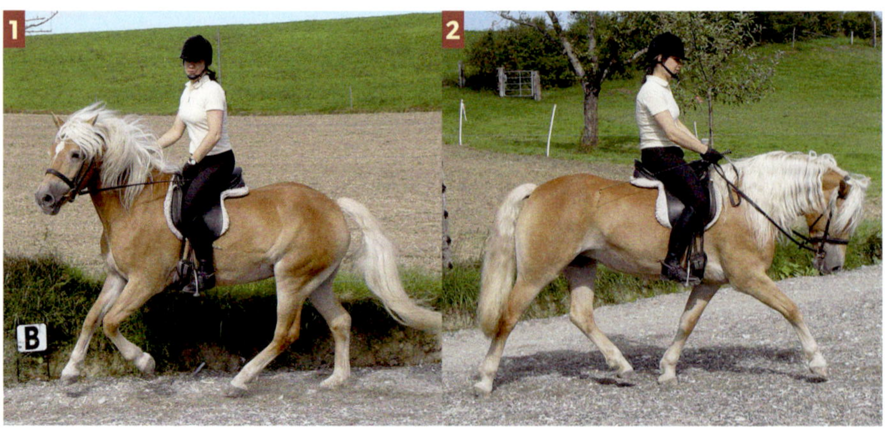

1 Fehlende Balance bei starker Schiefe führt im Galopp zu verspannten Sprüngen mit festem Rücken.
2 Einladung zum Dehnen wird wenig angenommen.

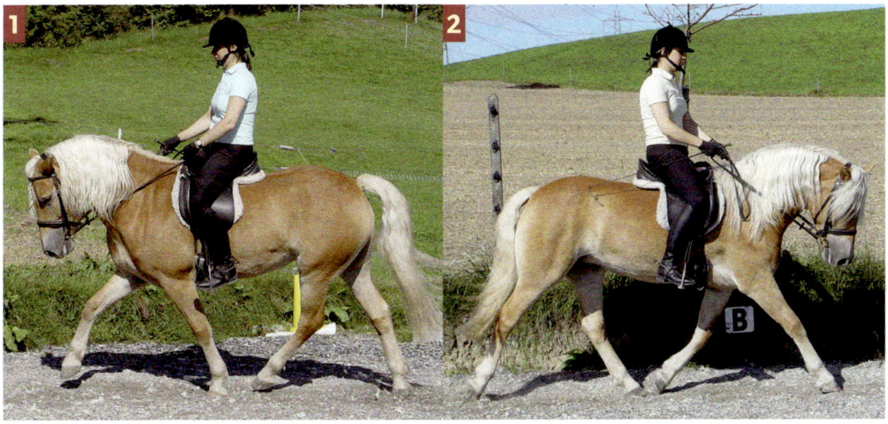

1 Wenig Stellung und Dehnung, enger Hals
2 Durch Balanceverlust auf die Hand gekommen. Wird daher sichtbar nachgetrieben

1 Schwungvoll bei korrekter Stellung und aufgewölbtem Rücken
2 Die Ecke dürfte mit besserer Längsbiegung durchritten werden.

1 Das Pferd folgt dem nachgebenden Zügel zu wenig.
2 Losgelassen in leichter Dehnung

1 Schwungverlust
2 Schultern und Ellbogen der Reiterin wirken angespannt.

STECKBRIEF

Hannoveranerstute, JG 1997, in der Grundausbildung

HAUPTPROBLEME: Als Unfallfolge Halswirbel-Arthrose mit spinaler Ataxie. Balanceprobleme, lässt sich nur schlecht mit Gewichtshilfen lenken, Nervenprobleme.

WICHTIGSTE AUSBILDUNGSZIELE: Förderung der inneren und äußeren Losgelassenheit.

1 Tritt zu wenig von hinten an die Hand heran. Fällt auseinander.
2 Tritt nicht gleichmäßig ans Gebiss

1 Losgelassen bei guter Haltung
2 Verhalten und triebig, dadurch zu wenig Dehnung

1 Losgelassen. Die Nase sollte noch weiter nach vorne kommen.
2 Genügend gedehnt

1 Ordentliche Dehnung der oberen Linie.
2 Versucht sich bei verhaltenem Gang auf dem Zügel abzustützen

Bleibt nicht an den treibenden Hilfen. Das Scheuen kann erst kontrolliert werden, wenn das Pferd die treibenden Hilfen annimmt.

1 Trotz gutem Rahmen Nase leicht hinter der Senkrechten.
2 Verhaltener Gang, kaum Dehnung

1 Nase sollte weiter nach vorne kommen.
2 Stützt sich auf der Hand ab und fällt auf die Vorhand.

1 Durch das Scheuen deutliche Spannungen und energische Hilfengebung.
2 Nicht sicher an den Gewichtshilfen, daher aufwendig dirigierende Hände.

1 Leichtes Wegrutschen über die rechte Schulter.
2 Etwas schwunglos, mehr Dehnung erwünscht

1 Wenig Dehnung der Oberlinie, daher fehlender oberer Spannungsbogen
2 Guter Untersprung, wirkt aber etwas schief

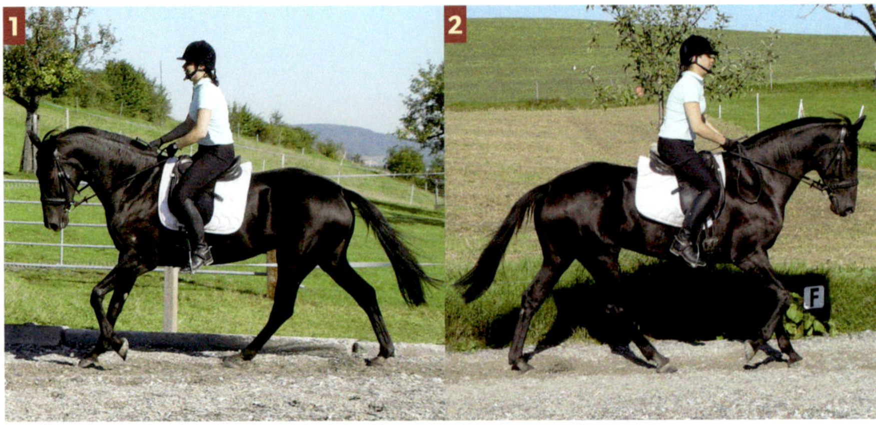

1 Stellung und Biegung verbessert. Das Pferd „liegt" nicht mehr in der Wendung.
2 Guter Rahmen. Die treibenden Hilfen sollten besser angenommen werden.

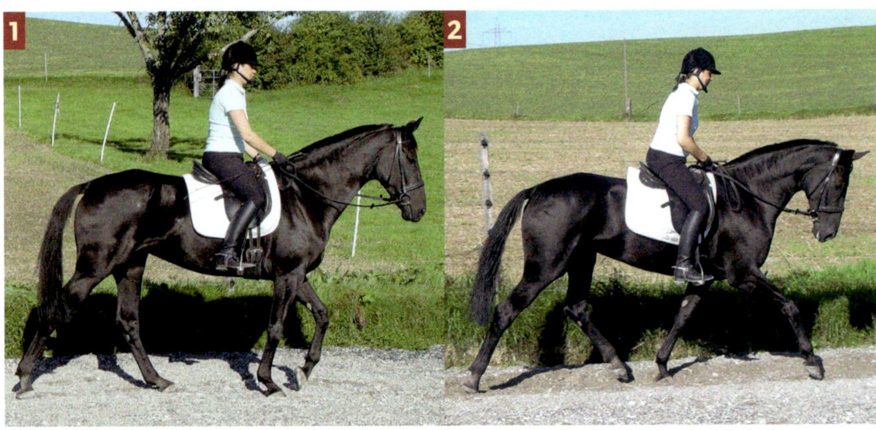

1 Etwas verhalten bei leichter Anspannung
2 „Showtrab" (runder Hals bei angespannter Unterhalsmuskulatur)

1 Leichte Dehnung, wobei die Nase weiter nach vorne kommen sollte (Genick ist so noch nicht optimal entspannt)
2 Das Pferd sollte noch besser an beide Zügel heranspringen.

STECKBRIEF

Haflingerstute, JG 1995, ein Fohlen, in der Grundausbildung

HAUPTPROBLEME: Unfallpferd mit Traumata an verschiedenen Hals- und Rückenwirbeln. Außerdem langes, überbautes Pferd mit tief angesetztem Hals. Ungünstig gewinkelte Hinterhand. Deutliche Schiefe und Vorderlastigkeit, daher Probleme mit dem Untertreten, dem Rückenschwung und der Lastaufnahme.

WICHTIGSTE AUSBILDUNGSZIELE: Lösende und geraderichtende Arbeit, Stärkung der oberen Linie, insbesondere der Nackenmuskulatur. Verbesserung der Tätigkeit von Hinterhand und Rücken.

1 Wenig tätige Hinterhand
2 Angespannte Muskeltätigkeit, dadurch eng und auf der Vorhand

1 Losgelassen arbeitende Muskulatur
2 Aufgerollt mit festem Rücken und hoher Kruppe (ungebeugte Hanken)

1 Knappe Dehnung der Nackenmuskulatur. Unruhiger Schweif
2 Traversalverschiebung mit korrektem Übertritt

1 Schön gedehnte Oberlinie, gutes Untertreten
2 Gut eingerahmt, um das Pferd korrekt zu biegen

1 Dürfte besser gestellt und gebogen sein
2 Stark verworfen im Genick

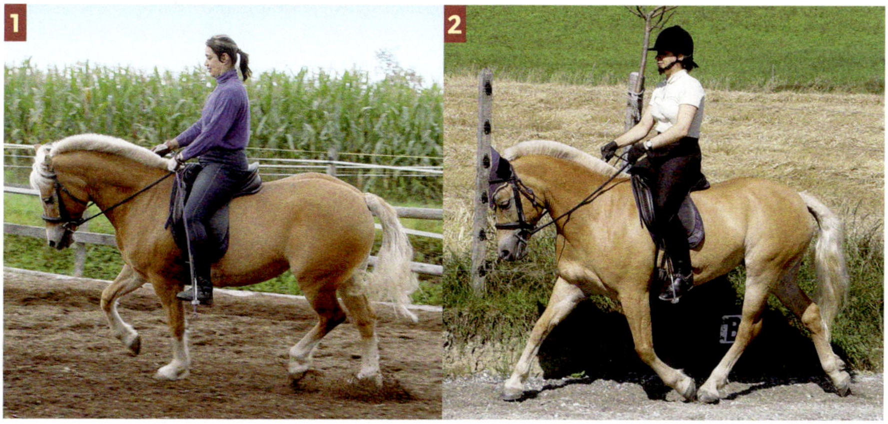

1 Die Nase sollte mehr nach vorne kommen.
2 Mehr Dehnung erwünscht

Gutes Unterspringen im Außengalopp. Das Pferd braucht jedoch noch viel Unterstützung (= noch unausbalanciert).

1 Zügel-aus-der-Hand-kauen-Lassen im Galopp überprüft die Selbsthaltung, die hier noch nicht optimal gegeben ist.
2 In der Galoppverstärkung verbessert sich die Bergauf-Tendenz sichtbar.

STECKBRIEF

Haflingerhengst, JG 1982, Ausbildungsstand Intermédiaire I

HAUPTPROBLEME:
Als Folge viel zu früher Belastung Kissing Spines. Nach Korrektur bis zur schweren Klasse ausgebildet.
Altersbedingt und durch die Vorgeschichte suboptimale Rückentätigkeit, teilweise zu tiefer Muskeltonus.

TRAINING:
Lösende und leicht gymnastizierende Arbeit zur Erhaltung der Beweglichkeit und Fitness.

Korrekt versammelt in relativer Aufrichtung und genügend freier Halshaltung

1 **Absolute Aufrichtung mit der Hand. Achten Sie auf den Halsansatz vor dem Widerrist, das hochgezogene Kinn und die hohe Kruppe.**
2 **Dürfte sich etwas mehr über die obere Linie dehnen**

Nach langer Verletzungspause hilft korrekte Dehnung bei unterschiedlichem Rahmen, die Rückenmuskeln wiederaufzubauen.

Das Variieren von Rahmen, Haltung und Dehnung kräftigt die Muskeln (Achten Sie auf den teilweise noch zu wenig aufgewölbten Rücken).

Nach sechs Monaten gemächlichem Aufbautraining ist das Pferd wieder kräftig und geschmeidig geworden und wieder in der Lage, sich in Selbsthaltung zu tragen.

SERVICE

- 175 Zum Weiterlesen
- 177 Nützliche Adressen
- 178 Register

Cummings, Peggy: **Connected Riding;** Besser reiten mit inneren Bildern, KOSMOS 2005
Connected Riding verhilft dem Reiter zu Beweglichkeit und Geschmeidigkeit, die ihn mit seinem Pferd in Kontakt bringen. Ziel ist ein ausbalancierter Reiter, der sich in einer neutralen Beckenposition befindet und so locker mit den Bewegungen des Pferdes mitgehen kann.

Cummings, Peggy: **Bodenarbeit**; Mit Connected Groundwork zu Bewegungsfreiheit und Selbsthaltung des Pferdes, KOSMOS 2007
Die Übungen des Connected Groundwork lösen und kräftigen den Körper des Pferdes, entspannen seinen Geist und bringen es in eine weiche, elastische Verbindung zum führenden Menschen. Bewusste Körperbewegungen von Mensch und Pferd bereiten beide auf lockeres, harmonisches Reiten vor.

Hinrichs, Richard: **Reiten mit feinen Hilfen**; Sitz, Einwirkung, Motivation für Reiter, KOSMOS 2005
Richard Hinrichs erklärt in seinem Buch das umfassende Wissen zum richtigen Reitersitz und zur feinen Hilfengebung bis in schwierige Lektionen hinein.

Krämer, Monika: **Pferde erfolgreich motivieren**, KOSMOS 1998, 2007
Die Grundprinzipien von „mehr Leistung durch Motivation" gelten auch für Pferde. In diesem Buch sind erstmalig alle Faktoren, die zur erfolgreichen Motivation des Pferdes notwendig sind zusammengetragen.

Meyners, Eckart: **Das Bewegungsgefühl des Reiters**; Das innere Auge schulen, reiterliche Probleme lösen, mit über 300 praktischen Übungen, KOSMOS 2003
Mit der Meyners-Methode entwickelt der Reiter ein Gefühl für seine Bewegungsabläufe, Rhythmus und Gleichgewicht. Mit gezielten Übungen werden anhand Hunderter von Detail-Illustrationen Schritt für Schritt die häufigsten Reitprobleme und Sitzfehler korrigiert. Denn ein locker und entspannt sitzender Reiter ist die Voraussetzung für erfolgreiches Reiten.

Meyners, Eckart: **Bewegungsgefühl und Reitersitz**; Reitfehler vermeiden – Sitzprobleme lösen, KOSMOS 2005
Mit dem Praxisbuch zur Meyners-Methode bekommt jeder Reiter flatternde Schenkel, hohe Absätze und unruhige Hände in den Griff. Das 6-Punkte Kurzprogramm für besseres Reiten und der mobile Stuhl „Balimo" werden erfolgreich auf Lehrgängen eingesetzt.

Rashid, Mark: **Der von den Pferden lernt**, KOSMOS 2007
Das dritte Buch des sympathisch-bescheidenen Horsemans Mark Rashid führt die undogmatische Trainingsphilosophie der Passive Leadership aus den beiden ersten Büchern fort. Rashid beschreibt in der für ihn typischen Art unterhaltsam und ehrlich, wie ihm sein Ranchpferd Buck neue Einsichten im Umgang mit Pferden vermittelte und ihm damit auch neue Verhaltensweisen und Gedankenmuster für alle anderen Lebensbereiche beibrachte.

Savoie, Jane: **Positiv denken – erfolgreich reiten**; Mit mentalem Training zum persönlichen Sieg, KOSMOS 2006
Werfen Sie Bedenken über Bord und lassen Sie sich anstecken von einem durch und durch positiven Buch. Mithilfe von mentalem Training, Motivationstechniken, Visualisierungs- und Konzentrationsübungen stärken Sie Ihr Selbstbewusstsein und Ihre reiterlichen Fähigkeiten.

Schäfer, Michael: **Handbuch Pferdebeurteilung**, KOSMOS 2000, 2007
In diesem Standardwerk erfahren Sie Grundlegendes über Pferdetypen und deren Entstehung, Anatomie und Physiologie des Pferdekörpers sowie darauf aufbauend die praktische Beurteilung des individuellen Pferdes oder Ponys. Ein Standardwerk, das in keiner Reiterbibliothek fehlen sollte

Schöffmann, Britta: **Lektionen richtig reiten**; Übungen von A–Z mit Olympiasiegerin Isabell Werth, KOSMOS 2005
Von A wie Abwenden bis Z wie Zick-Zack-Traversale findet der Reiter in diesem Buch jede wichtige Lektion ausführlich erklärt. Er erfährt, wie die Übungen richtig geritten werden, welche Fehler man vermeiden sollte und mit welchen Hilfen die Lektionen Schritt für Schritt erarbeitet werden.

Schöffmann, Britta: **Klaus Balkenhol**; Dressurausbildung nach klassischen Grundsätzen, KOSMOS 2007
Der Autorin ist ein eindrucksvolles Buch gelungen über den persönlichen Werdegang und die steile Karriere des Ausnahmereiters und Trainers Klaus Balkenhol. Am Beispiel seiner Erfolgspferde erfährt der Leser sein einzigartiges Trainingskonzept und erhält dazu detaillierte Anleitungen für anspruchsvolle Dressurlektionen.

Schöffmann, Britta: **Die Skala der Ausbildung**; Erfolgreich reiten nach den Richtlinien der FN, KOSMOS 2003, 2006
Mit praxisnahen Schritt-für-Schritt-Anleitungen wird das Erfolgsrezept der deutschen Reiterei in Wort und Bild grundlegend vom Takt bis zur Versammlung erklärt.

Simonds, Mary Ann: **Was Pferde wirklich brauchen**; Der Weg zu Ausgeglichenheit und Leistungsstärke, KOSMOS 2006
Wie Pferde denken, lernen und ihre Umwelt wahrnehmen. Ein Buch, in dem wir erfahren, warum Pferde gerne mit uns Menschen zusammen sind – und wie wir ihnen ein stress- und sorgenfreies Leben bieten können.

Simonds, Mary Ann und Meyer, Dorothe Dr. med. vet.: **Stress bei Pferden erkennen und behandeln**, KOSMOS 2007
Jedes Pferd hat Stress. Dieses Buch hilft Pferdebesitzern, die Gefühle und Bedürfnisse ihrer Pferde zu erkennen und Stress z. B. beim Verladen, beim Wettkampf und bei der Haltung zu reduzieren.

Tellington-Jones, Linda und Lieberman, Bobbie: **Tellington-Training für Pferde**, KOSMOS 2007
Die weltweit bekannte Autorin Linda Tellington-Jones zeigt in ihrem umfassenden Werk mit Hilfe der bekannten TTouches und der TTEAM-Arbeit den Weg zu neuer Partnerschaft, sanftem Umgang und gelungener Kommunikation.

Thiel, Ulrike Dr.: **Die Psyche des Pferdes**, KOSMOS 2007
Leiden Pferde darunter, wenn wir sie reiten? Gehen Pferde gerne aufs Turnier? Warum scheuen Pferde zweimal hintereinander? Lernen Sie, die Welt mit den Augen des Pferdes zu sehen! Ein Ratgeber – wissenschaftlich fundiert und nach neuesten psychologischen Erkenntnissen.

Nützliche Adressen

Kirsten Jung
Düderhof 2
CH - 6025 Neudorf
kirsten.jung@gmx.ch
www.sporthaflinger.ch

Deutsche Reiterliche Vereinigung (FN)
Freiherr-von-Langen-Str. 13
D - 48231 Warendorf
Tel. +49-(0)2581-63620
Fax +49-(0)2581-62144
www.fn-dokr.de

Vereinigung der Freizeitreiter und -fahrer in Deutschland (VFD)
Auf der Hohengrub 5
D - 56355 Hunzel
+49-(0)6772-9630980
+49-(0)6772-9630985
www.vfdnet.de

Bundesfachverband für Reiten und Fahren in Österreich (BFV)
Geiselbergstr. 26 – 35/512
A - 1110 Wien
Tel. 0043-(0)1-7499261-10
Fax 0043-(0)1-7499261-91
e-mail: office@fena.at
Internet: www.fena.at

Schweizerischer Verband für Pferdesport (SVPS)
Papiermühlestr. 40 H
Postfach 726
CH - 3000 Bern 22
Tel. 0044-(0)31-335 43 43
Fax 0044-(0)31-335 43 58
e-mail: info@svps-fsse.ch
Internet: www.svp-fsse.ch

Register

Anatomie 9
Ängstliche Pferde 115
Anlehnung 45, 53, 75, 82, 108, 120ff, 154
Anlehnungsprobleme 131
Arthrose 38
Atlas 31
Auf dem Zügel 131
Aufrollen 130
Ausbalancieren 29
Ausbalancierter Sitz 55ff
Ausbildungsschritte 55
Ausbildungsskala 53, 80ff
Ausrüstungsgegenstände 40

Balance 56, 59
Balanceprobleme 98, 112
Balanceverlust 62
Bandagen 46
Bauchmuskulatur 30
Beugephase 29
Bewegungsablauf 28
Biegung 111, 149

Dehnung 109ff, 121
Dornfortsätze 14
Drehsitz 58, 65
Dressursitz 56
Durchlässigkeit 31, 80, 83, 143
Durchparieren 156

Einwirkung des Reiters 55, 68ff

Faule Pferde 115
Freizeitpferd 84
Fußfolge 93ff

Galopp 138
Gamaschen 46
Ganganomalien 53, 87
Gangpotenzial 17
Gangvermögen 53
Gebäudemängel 114, 140, 154
Gebiss 42ff
Gebissstärke 44
Gegen den Zügel 131
Gelenke 27
Gelenkserkrankungen 29
Genick 31ff
Genickmuskulatur 106, 110
Gerader Rücken 25
Geraderichtung 129, 143ff
Geraderichtung 53, 82
Gerte 48
Gewichtshilfen 55
Gymnastizierung 80, 100

Haken 23
Halswirbelsäule 31, 34ff
Haltungsänderung 128
Handeinwirkung 44,55, 74, 118, 155
Hankenbeugung 26, 82, 123, 139
Hilfengebung 66ff
Hilfszügel 35, 47, 75, 89
Hinter dem Zügel gehen 32
Hinterhand 26
Hinterhandgelenke 27
Hirschhals 35
Huf 38
Huffehlstellung 38
Hüftgelenk 27
Hyperflexion 11

Kautätigkeit 34, 75
Kissing Spines 14
Kniegelenk 27
Kopfhaltung 32
Korrekturpferd 127
Kreuzgalopp 97
Körperbau 9
Körperkoordination 125

Lahmheiten 29
Längsbiegung 144
Longieren 47
Loser Hals 36
Losgelassenheit 24, 81, 100ff, 154
Losgelassenheit des Reiters 59ff
Lösungsphase 115

Mauligkeit 118
Meridiane 39
Mobilität 59
Muskelaufbau 10
Muskeltätigkeit 117
Muskeltonus 12
Muskelverspannungen 52

Nackenmuskulatur 16
Nasenriemen 47
Natürliche Schiefe 50ff, 97
Nussknackereffekt 45

Osteotherapeuten 23, 87, 97

Paraden 69, 76ff, 158
Passgang 95
Pferdetypen 104

Rahmenerweiterung 137
Raumgriff 71ff
Reflexpunkte 39
Reithose 48
Reitstiefel 48
Rekonvaleszenz 41
Renvers 152
Rücken 14
Rücken aufwölben 77
Rückenformen 24
Rückenkanal 41
Rückenmuskulatur 15, 17
Rückenprobleme 20, 22, 35, 37ff, 98
Rückentätigkeit 18, 19, 24, 55
Rückwärtsrichten 156
Rückwärtsziehen 107, 115

Sattel 40ff
Sattelunterlagen 46
Schenkelhilfen 55
Schenkelweichen 107
Schritt 94
Schubkraft 51
Schulterfreiheit 41
Schulterherein 150
Schultervor 146ff
Schwebephase 95, 133
Schwerpunkt 50ff
Schwingen 24
Schwung 133ff
Schwungentfaltung 82, 134ff
Sehnenerkrankungen 29, 38
Seitengänge 149
Seitwärts weisende Hilfen 69, 107
Selbsthaltung 144
Senkrücken 24
Sitzfehler 56ff, 62ff
Sitzkorrektur 63
Spaltsitz 64
Spannungsbogen 103
Sporen 48
Sportpferd 84
Sprunggelenk 27
Starke Ganaschen 130
Stellung 105ff
Streckmuskeln 116
Stuhlsitz 64
Sturzhelm 48

Takt 80/81, 93
Taktfehler 52, 93, 97, 141, 156ff
Temperamentvolle Pferde 89, 115
Tempiwechsel 156
Trab 95
Tragfähigkeit 24
Tragkraft 28, 121, 133
Travers 151
Treibende Hilfen 55, 68ff, 128

Über den Rücken 135
Überbaut 50
Überdehnung 12
Ungehorsam 141
Unter den Schwerpunkt treten 20, 109, 128, 154
Unterhals 36

Verhaltene Hilfen 68
Verkürztes Tempo 137
Versammlung 83, 154ff
Versammlungsfähigkeit 123
Verspannungen 24, 67, 87ff
Verwerfen 75, 129
Vorderlastigkeit 50ff
Vorhand 29
Vorwärts - Abwärts Reiten 60, 100, 124

Wegeilen 98
Weiche Hand 117
Weicher Rücken 25
Weiches Maul 126
Wendungen reiten 57
Wolfszähne 23

Zähne 37
Zahnprobleme 37
Zügelhilfen 76, 156
Zugkraft 46
Zungenfehler 45
Zungenfreiheit 43, 45
Zwanglosigkeit 86ff
Zweibeinstütze 96

BILDNACHWEIS

Farbfotos: 297 Farbfotos wurden von Kirsten Jung für dieses Buch angefertigt. Bernd Eylers (1: S.79), Lothar Lenz/ Kosmos (4: S.49, 54, 90, 153), Alois Müller (1: S.142), Julia Rau (2: S.119, 132), Horst Streitferdt/ Kosmos (11: S.3, 4 o., u., 5 u., 8, 22, 85, 92, 99, 159, 174)

Alle Illustrationen von Cornelia Koller.

IMPRESSUM

Umschlaggestaltung von eStudio Calamar unter Verwendung einer Farbillustration von Susanne Retsch-Amschler, Königsbrunn und einem Foto von Thoms Lehmann.

Mit 316 Farbfotos und 8 Farbillustrationen.

Gedruckt auf chlorfrei gebleichtem Papier

ISBN 978-3-440-11010-2
Gestaltungskonzept: Friedhelm Steinen-Broo, eStudio Calamar
Redaktion: Alexandra Haungs
Produktion: Kirsten Raue, Claudia Kupferer
Printed in Germany / Imprimé en Allemagne

Klassisch gutes Reiten

Stefan M. Radtke
Klassische Reitkunst im modernen Dressursport
176 Seiten, 140 Farbfotos
€/D 29,90; €/A 30,80; sFr 53,–
ISBN 978-3-440-11518-3

- Was bedeutet klassische Reitkunst und wie viel ist davon im heutigen Dressursport noch zu sehen? Was können wir von den Alten Meistern im Sattel lernen?
- Der renommierte Trainer Stefan M. Radtke zeigt auf, wie das Pferd basierend auf dem Wissen der klassischen Reitmeister bei der Dressurausbildung gesund erhalten bleibt.

Ruth Giffels
Klassisch barockes Reiten
144 Seiten, 144 Abbildungen
€/D 26,90; €/A 27,70; sFr 48,10
ISBN 978-3-440-11185-7

- Basierend auf der Lehre des barocken Reitmeisters François Robichon de la Guérinière beschreibt Ruth Giffels die Grundlagen klassisch-barocken Reitens leicht und verständlich.
- Ziel ist es, die Grundlagen der klassischen Reitkunst zu verstehen, zu bewahren, die barocken Rassen und Reitschulen kennen zu lernen sowie sein Pferd mit leichten Hilfen zu reiten.

KOSMOS

www.kosmos.de

Preisänderung vorbehalten

Im Einklang mit dem Pferd

Peggy Cummings
Bodenarbeit
134 Seiten, 205 Farbfotos
€/D 24,90; €/A 25,60; sFr 44,90
ISBN 978-3-440-10420-0

- Connected Groundwork-Übungen lösen und kräftigen den Körper des Pferdes, entspannen seinen Geist und bringen es in eine weiche, elastische Verbindung zum führenden Menschen
- Für lockeres, harmonisches Reiten

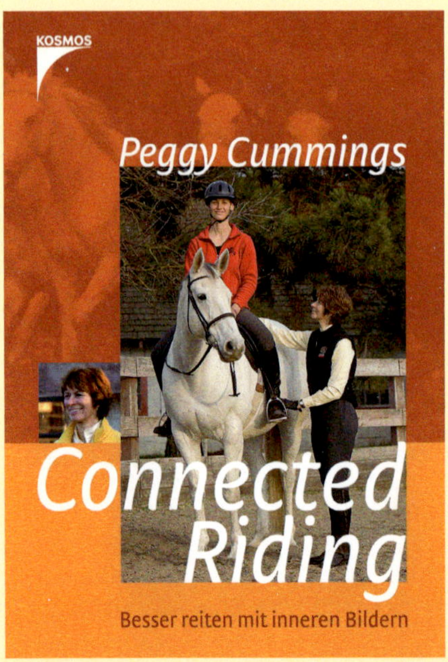

Peggy Cummings
Connected Riding
144 Seiten, 128 Abbildungen
€/D 24,90; €/A 25,60; sFr 44,90
ISBN 978-3-440-10282-4

- Connected Riding schafft mehr Bewusstsein für Körper und Bewegung und sorgt für mehr Harmonie mit dem Pferd

„Connected Riding ist wie ein geschmeidig perfekter Tanz mit dem Partner Pferd."
Linda Tellington-Jones

KOSMOS

Preisänderung vorbehalten